Diva !!

SASCHA

Silvi ♡

Mein Leben als YouTuber

Das Buch

Was heute noch wie ein Traum klingt, ist im Jahr 2076 längst wahr geworden: In der Schule der Zukunft lernen die Schüler, wie sie erfolgreiche Social-Media-Stars werden können! Begleite Alex bei seinem spannenden Abenteuer und lerne außerdem sechs deiner Lieblings-YouTuber von ihrer unbekannten Seite kennen. Freshtorge, die „Aussenseiter" Sascha und Dima, justCaan, Tina Neumann und Silvi Carlsson verraten dir ihre Geheimnisse. Wie wurden sie erfolgreich? Welche Methoden haben sie benutzt? Und wie gehen sie mit Hate und Kritik um? In diesem Buch erfährst du alles über das Leben als YouTuber!

Die Autoren

Tina Neumann, 2002 geboren und aufgewachsen in Graz, begeistert mit Videos rund um Beauty und Lifestyle 59.000* Fans auf ihrem YouTube-Channel. Außerdem betreibt sie einen sehr bekannten Musical.ly-Account, auf dem sie mehr als 722.000 Zuschauer entertaint.

Silvi Carlsson, 1992 geboren in Aschaffenburg, dreht Videos, in denen der Fokus auf Comedy liegt. Sie begeistert mit ihren Videos rund 113.000* Zuschauer und ist die Powerfrau schlechthin. Silvi steckt voller Ideen und Kreativität, deshalb findet man auf ihrem Kanal viele individuelle Videos, die sie entwickelt.

Dimitri Koslowski, auch Dima genannt, 1986 geboren in Shortandy, einer kleinen Stadt in Kasachstan. Zusammen mit seinem Cousin Sascha dreht er schon seit 2006 Videos auf YouTube. Auf seinem Kanal Dima begeistert er mehr als 1,5 Millionen* Fans. Er geht auf seinem Channel mit vielen Trends mit, die gerade bei Jugendlichen sehr gehypt sind.

Alexander Sascha Koslowski, auch Sascha genannt, 1986 ebenfalls in Shortandy geboren, dreht Kurzfilme und liebt es zu träumen. Verheiratet ist er mit der YouTuberin Paola Maria, auf seinem Channel Sascha begeistert er 887.000* Abonnenten.

Can Günaydi, 1996 geboren, aufgewachsen in Mannheim, dreht YouTube-Videos im Bereich Comedy und Entertainment. Bekannt wurde er durch Ask.fm und begeistert nun knapp 272.000* Fans auf seinem Kanal. Er liebt es, zu fotografieren und zu zeichnen.

Torge Oelrich, 1988 geboren und aufgewachsen in Heide, zählt zu den bekanntesten YouTubern Deutschlands. Er dreht ebenfalls Comedy-Videos, die seine mehr als 2,2 Millionen* Fans auf YouTube zum Lachen bringen. Er dreht Videos, in denen er verschiedene Rollen spielt, sehr beliebt sind außerdem seine Parodien und Sandra-Videos.

* *Stand Oktober 2017*

Ina Ţăranu-Hofnăr ist eine freiberufliche Schriftstellerin, die in Bukarest, Rumänien, lebt. Ihre Arbeit beinhaltet das Schreiben von Film- & Spieldrehbüchern, Zeitschriften- und Online-Artikeln. Sie besitzt einen kleinen, bösartigen Chihuahua. Dies ist ihr erstes Buch und auch hoffentlich nicht ihr letztes.

Mein Leben als YOUTUBER

Ina Ţăranu-Hofnăr

Plötz & Betzholz

Besuchen Sie uns im Internet:
www.ploetz-betzholz.de

FSC www.fsc.org
MIX
Papier aus verantwortungsvollen Quellen
FSC® C083411

Deutsche Erstausgabe im Plötz & Betzholz Verlag
1. Auflage November 2017

Umschlaggestaltung: zero-media.net, München
Umschlagillustrationen: © finePic®, München
Fotos: Privates Archiv der YouTuber
Illustrationen Story: Tereza Kovandová
Illustrationen Interview: Ingo Neumann – boldfish.de, Wandlitz
Gestaltung und Satz: Ingo Neumann – boldfish.de, Wandlitz
Gesetzt aus der PMN Caecilia, TheSans und Alegreya
Druck und Bindearbeiten: CPI books GmbH, Leck
ISBN 978-3-96017-009-9

Bist du ein riesen YouTuber-Fan, oder willst sogar selbst ein YouTuber sein? Dann folge uns auf Facebook!

ERSTES KAPITEL

„Wenn du nicht jeden Tag von irgendjemandem abgewiesen wirst, dann heißt das, dass es dir an Ehrgeiz fehlt." Mit diesen Worten hat mein Großvater mich immer gern gepiesackt. Er hatte gut reden. So etwas sagt sich leicht, wenn man einer der bekanntesten YouTuber des Jahres 2020 ist und von niemandem jemals abgewiesen wurde. Mein Großvater ist Lena übrigens nie begegnet.

Ich traf Lena in der ersten VS-Nacht (VS heißt Virtuelle Sommerschule) des Jahres 2076. Wenn mich jemand gefragt hätte, wie ich dem schönsten Mädchen der Welt gerne begegnet wäre, weiß ich auf jeden Fall, was nicht meine Wahl gewesen wäre: ich nur in Unterhosen und ausgesperrt vor einer Hütte.

Aber natürlich stand ich genau so da: an die Wand der Hütte gelehnt und nur im Slip. Ich versuchte verzweifelt, total entspannt auf den See zu blicken, aber ich kam mir natürlich wie der größte Loser der Welt vor. War ich in dem Moment ja auch.

Und genau in diesem Augenblick musste natürlich das schönste Mädchen der Welt dort vorbeikommen, in einem wehenden, gelben Kleid.

Stirnrunzelnd begann ich, mit den Augen hochkonzentriert eine unsichtbare Ameise zu verfolgen. Aus dem Augenwinkel sah ich das gelbe Kleid an mir vorbeiflanieren, als es plötzlich umdrehte und genau vor mir Halt machte.

„Hallo! Alles klar bei dir?", fragte mich die Besitzerin des Kleides.

Ich hob meinen Kopf mit einem Blick, der eigentlich etwas wie „Oh, grüß dich, ich hab dich gar nicht bemerkt" hätte aussagen sollen, aber wahrscheinlich nur aussah wie: „Hilfe, ich will zu meiner Mama!" Und ich bekam es noch nicht mal hin, mich bei der heiligen Trinität (also Hurley, Chan und Karim, den Gründern von YouTube natürlich!) für diese Begegnung zu bedanken. Stattdessen stammelte ich:

„Ach, klar, natürlich! Danke! Mir geht's gut, sehr gut sogar!"

Das Mädchen schaute auf meine Arme und lächelte ungläubig.

„Du siehst irgendwie aus, als wäre dir kalt", sagte sie.

Ich sah an mir herunter und ja, tatsächlich: Ich hatte Gänsehaut. Na toll! Es reichte nicht aus, dass bereits das ganze Universum gegen mich war, nein, mein eigener Körper hatte ebenfalls begonnen, mich zu sabotieren.

„Nein, Quatsch! Ich versuche nur gerade, meine thermische Resistenz zu trainieren."

Das Mädchen schien mir kein Wort zu glauben.

„Lass mich raten. Dein Mitbewohner ist ein YouTuber, der gerne Leute prankt und den Zugangscode am Eingang verändert hat?", fragte sie lächelnd.

Ich hätte noch ein bisschen weiter Theater spielen können, dachte mir dann aber, dass das hier eh schon peinlich genug war.

„Tja. Er hat den Zugangscode und das System für die biometrische Identifizierung geändert. Ist aber auf jeden Fall alles o.k., stört mich nicht mehr", log ich. Aber sie fügte nachdenklich hinzu: „Das bedeutet also, dass wir höchstwahrscheinlich gerade heimlich gefilmt werden ..."

„Sehr wahrscheinlich, ja. Du wirst es morgen online nachverfolgen können."

„Dann lass uns denen auch etwas Interessantes bieten!", sagte sie, und bevor ich mich versah, stieg sie aus ihrem gelben Kleid, nahm meine Hand und stieß mich mit einem fröhlichen Lachen in den See.

Als ich wieder auftauchte, hätte ich schwören können, dass ich gerade nach allen medizinischen Regeln einen Schlaganfall erlitt. Das nackte Mädchen schwamm auf mich zu und grinste verdächtig.

„Mit mir haben sie auch so ein Spiel getrieben. Im letzten Jahr während der Virtuellen Sommerschule. Erinnerst du dich an den Clip, der sich wie ein Virus verbreitete, mit dem Mädchen, das eines Morgens auf einer Luftmatratze mitten auf dem See aufwachte?"

„Neeeeein, nicht zu fassen! Das warst du?!", schrie ich wie im Schock.

„Tja ... Übrigens, ich bin Lena Jung. Ich betreibe den Kanal Lena spielt", sagte sie und reichte mir ihre Hand. Obwohl es etwas absurd war, im Wasser zu paddeln und dabei Handshaking zu machen, hielt ich ihre Hand sogar einige Sekunden länger als normal.

„Ich bin Alex. Alexander Schmidt. Mein Kanal heißt Spaghettification."

„Aaach, wie cool! Ich habe auch eine Freundin, die einen Food-Kanal betreibt!", antwortete sie.

Zum Glück war es stockfinster und sie konnte nicht sehen, dass ich mich gerade in den ersten Rote-Bete-Menschen verwandelte.

„Na ja, also weißt du, eigentlich hat mein Kanal nichts mit Gastronomie zu tun. Ich versuche da nämlich gewisse wissenschaftliche Phänomene zu erklären und ..."

„Ach, Entschuldigung! Ich höre „Spaghetti" und denke gleich, dass ...", unterbrach sie.

„Kein Stress, das passiert mir ziemlich häufig! Spaghettification heißt der Prozess, währenddessen ein Körper, wenn er in ein schwarzes Loch fiele, von der Erdanziehungskraft gestreckt und in Streifen geschnitten würde."

„O Mann, jetzt hast du mir die Lust auf Pasta für mein ganzes Leben ruiniert!", sagte sie und zog eine Schnute.

„O je, das tut mir leid."

„War nur ein Scherz! Komm, lass uns aus dem Wasser rausgehen, bevor wir auch spaghettifiziert werden!"

Am Ufer angekommen, begann sie sich die Haare abzutrocknen. Die waren eigentlich hellblond, sahen jetzt aber hellbraun aus.

Ich kehrte ihr den Rücken zu und versuchte mich irgendwie zu beschäftigen, bis sie wieder angezogen war.

„Kommst du morgen zu Live Play Meet?", fragte sie mich.

FUN FACTS

Wusstest du, dass YouTube ursprünglich eine Dating-Seite sein sollte? Als das nicht funktionierte, kam den drei Gründern Chad Hurley, Steve Chen und Jawed Karim die Idee, eine Videoplattform daraus zu machen. Nur ein Jahr später wurde YouTube für 1,65 Milliarden Dollar von Google gekauft!

„Mal seh'n," antwortete ich und betete, dass mir spontan wieder einfallen würde, was Herrgott noch mal Live Play Meet war.

„O.k., dann sehen wir uns dort!", sagte sie lächelnd.

„Wir sehen uns da!", erwiderte ich.

Sie entfernte sich einige Schritte, dann hörte ich mich, ohne zu wissen warum, sagen:

„Lena?"

Sie drehte sich neugierig um.

„Ja?"

„Danke dir für vorhin! Mit der ... Verfilmung und so."

„Nichts zu danken! Wegen mir wirst du jetzt nicht viral", erwiderte sie grinsend.

„Es hat sich gelohnt!", antwortete ich ein bisschen lauter, als es nötig gewesen wäre.

„Gute Nacht!", sagte sie und war weg.

Ich sah ihr nach, bis sie verschwunden war.

Zurück an der Hütte erkannte das System für biometrische Identifizierung meine Iris endlich wieder und die Tür wurde sofort geöffnet. Im Zimmer war es bereits dunkel, also zog ich mich langsam an, setzte mich aufs Bett und versuchte etwas mehr über Lena herauszufinden. Auf Facebook fand ich sie dann unter dem Profil: www.facebook.com/lena.jungg. Irgendwo in der Dunkelheit hörte ich die Stimme meines Mitbewohners.

„Lena Jung, huh? Du Glückspilz!"

Ich fixierte mit den Augen die Sternen- und Kometenhologramme an der Zimmerdecke.

Lena. Ihr gelbes Kleid. Ihre leichte Skepsis. Ihr ironisches Lächeln. Die Art, in der sie mich an der Hand nahm und uns ohne nachzudenken in den See warf. Mein Mitbewohner lag falsch. Ich war kein Glückspilz. Ganz im Gegenteil. Ich war verliebt!

Am nächsten Tag ergatterte ich eine Einladung zu „Live Play Meet". Dafür würde ich das ganze Schuljahr lang die Physikhausaufgaben für irgendeinen schleimigen Blödmann machen müssen. Ich hätte sie ihm auch bis zur Uni gemacht, nur um Lena wiederzusehen.

Der Saal war in sehr viele kleine Räume unterteilt. In jeder dieser Kabinen befand sich ein YouTuber mit Virtual-Reality-Brille,

FUN FACTS

Das erste geteilte Video auf der Webseite war aus dem Zoo in San Diego. Vor der Kamera stand Jawed Karim (einer der Gründer von YouTube) und hinter ihm eine Gruppe indischer Elefanten. Leider kann man seinen Kommentar kaum als „legendär" betrachten, er war ziemlich langweilig. Dennoch hat sein Video über 4 Millionen Aufrufe.

der lächerliche Moves umsetzte. Einige machten Martial Arts, andere irgendwelche Waffen-Shootings, einer schien sogar zu fliegen. Um jeden kreiste eine apfelgroße Drohne, die jede Bewegung registrierte.

Lena war schnell gefunden.

„Hey, Lena!", sagte ich etwas zu enthusiastisch.

Sie drehte sich, ohne die Brille abzunehmen, in die Richtung, aus der meine Stimme kam.

„Wer ist da?", fragte sie ein wenig irritiert.

„Na, ich bin's, Alex!", antwortete ich genauso fröhlich wie ein bekloppter Cockerspaniel.

Wäre ich ein Hund gewesen, hätte ich auch noch mit dem Schwanz gewedelt. Ich hätte mich schlagen können. „Alter, bleib cool!", sagte ich innerlich verzweifelt zu mir. Aber in diesem Moment war es wahrscheinlicher, dass ich tatsächlich fliegen könnte, als dass ich cool bliebe.

„Welcher Alex?"

„Super!", dachte ich, „Ich werde das ganze Jahr lang Referate schreiben, und sie hat keine winzige Ahnung mehr, dass ich überhaupt existiere."

„Wir haben uns gestern Abend kennengelernt", sagte ich und versuchte weiterhin vergeblich, relaxed zu wirken.

Lena neigte ein wenig den Kopf und schaute ahnungslos. Mit der Brille auf der Nase sah sie genauso süß aus wie eine großäugige Biene.

„Mmh … Spaghettification?“, versuchte ich als letzte Option.

„Aaach, Alex! Hey! Ich freu mich, dass …

TÖTE IHN!!! WAS ZUM TEUFEL MACHST DU DA?! SIEHST DU NICHT, DASS ER UNS VON HINTEN ATTACKIERT??? NIMM DIE KRYOGENISCHEN GRANATEN! NEIN!! WEIL ICH KEINE MUNITION MEHR DABEIHABE, DESWEGEN! LINKS, NACH LINKS! DIE ANDERE SEITE! ARE YOU FUCKING KIDDING ME?!?“

Ich zog mich eingeschüchtert in eine Ecke zurück, während Lena mit ihren Befehlen fortfuhr und durch den ganzen Miniraum raste. Eine Stunde später, nachdem sie ein Munitionslager der Feinde gesprengt, aus einem Flugzeug drei Bomben abgeworfen und ein Dorf mit Zivilisten gerettet hatte, nahm sie endlich ihre Brille ab. Ich stand schnell auf und lehnte – mal wieder – an der Wand, von wo aus ich ihr zugeschaut hatte. Sie lächelte mich an.

„Hey! Sorry für vorhin! Bin total durchgedreht, ist immer so, wenn ich live im Netz spiele.“

Ich konnte kaum glauben, dass dieser Engel von Mädchen nur einige Minuten zuvor einen feindlichen Offizier mit einem Korkenzieher getötet hatte.

„Ach, kein Stress! War cool, dich zu verfolgen. Als du mir gesagt hast, dass du einen Spielekanal betreibst, hätte ich gar nicht erwartet, dass die so …

„… blutig sind?“, lachte sie. „Was dachtest du, dass ich spiele? Suburban Girls? Shopping Attack?“

FUN FACTS

Neben Videos bietet YouTube auch ein Spiel an. Gehe dafür einfach auf die Homepage, klicke auf eines der empfohlenen Videos im Hauptmenü, pausiere es und drücke gleichzeitig auf der Tastatur den Pfeil nach oben und den Pfeil nach links. Im Hintergrund des Videos kannst du das klassische Snake-Spiel spielen (nur bei Windows).

„Mhm, nö, eigentlich siehst du gar nicht so aus, als würdest du viel Zeit mit YouTube verbringen."

„You kiddin' me? Ich lebe auf YouTube! Ich bin mit den YouTubern Classics of Gaming aufgewachsen. Weißt du, die ganz Großen vom Anfang des Jahrhunderts: PewDiePie, Markiplier, Jacksepticeye ... Wenn ich als Baby geweint habe, startete meine Mama einen Clip von Markiplier, und seine Stimme beruhigte mich total. Meine Eltern sagen, dass ich zu ihm das erste Mal „Pa-pa" gesagt habe." Wir lachten beide. Ich stellte sie mir klein vor und fühlte eine Art innerer Wärme.

„Ich bin auch praktisch mit und auf YouTube aufgewachsen. O.k., eigentlich war es eine Art Familienerbe. Mein Großvater war auch YouTuber", sagte ich ihr.

„Kann ich von ihm vielleicht gehört haben?"

„Kann sein. Er hat den Kanal namens Frühmorgens betrieben."

„Das ist ja cool! Ja, na klar kenne ich ihn! Hatte er nicht die Clips, wo er mit Bohrmaschine, Hammer und Flachzange versucht hat zu kochen?", fragte sie lächelnd.

„Doch, doch, genau der war's! Der war echt witzig."

„Übrigens, ich bin megahungrig! Kommst du mit was essen? Hier nebenan gibt's 'ne Pizzeria."

Ich hätte auch einfach „Ja" sagen können, wie ein ganz normaler Mensch, aber stattdessen hörte ich mich sagen:

„Weißt du, dass der ursprüngliche Sitz von YouTube über ...."

„... einer Pizzeria war?"

Lena lächelte.

„Und ich dachte, dass ich der größte Nerd ever sei! Scheint so, als ob ich meine andere Hälfte gefunden habe!"

Wäre ich ein Superheld, dann mit Sicherheit der Rote-Bete-Held. Ich fühlte plötzlich, wie sich meine spezielle Superkraft aktivierte und ich rot zu werden begann. Lena schien aber nichts zu merken, ging los in Richtung Pizzeria und fragte sich derweil laut, ob sie Quattro Formaggi oder Hawaii nehmen sollte. Ich folgte ihr mit dem Wort „Hälfte", das sich wie ein Tattoo in mein Gehirn eingraviert hatte.

In den nächsten sechs Tagen waren wir unzertrennlich. Ich müsste dem schmächtigen Freak eigentlich bis zur Rente die Hausaufgaben machen – er hatte mir für jeden Tag eine Einladung zu

Live Play Meet gegeben. Und jeden Morgen setzte ich mich in eine Ecke und freute mich riesig, dass ich Lena zwei oder drei Stunden lang dabei zuschauen durfte, wie sie Flugzeuge bombardierte, U-Boote sinken ließ und Feinde mit Maschinengewehren abschoss, ohne dass mich dabei irgendetwas stören konnte. Ich war erst seit einer Woche Mitglied der Eliteakademie für YouTuber und erlebte bereits die beste Woche meines Lebens. In jeder Minute, in der wir Eis und Pizza aßen, redeten wir über YouTuber, deren Videos, über unsere YouTube-Lieblinge und darüber, was sie so machten. Jeden Tag begleitete ich sie zu ihrer Hütte und es war schon fast zum Kotzen, wie glücklich mich alleine ihre Anwesenheit machte. Das war mir aber egal.

Was ich allerdings immer noch nicht wusste, war, wie sie mich so fand. Einmal wollte ich sie sogar küssen, bekam dann aber Panik, als ich mich zu ihr vorbeugte, und musste sie daraufhin anlügen. Ich erzählte ihr, dass ich ihr nur eine Spinne aus den Haaren nehmen wollte. Bombenidee. Es dauerte eine halbe Stunde, bis sie wieder normal atmen konnte. Woher sollte ich auch wissen, dass sie unter Arachnophobie litt?!

An diesem Abend hieß es jedoch: jetzt oder nie. Es war unser letzter gemeinsamer Campabend, also wollte ich den großen Schritt wagen und ihr sagen, was ich für sie fühlte. Mein Lieblingsyoutuber Max S, der lustigste Mensch auf der ganzen Welt, hatte es schließlich erklärt: Wenn du es innerhalb von sieben Tagen nicht schaffst, vom guten Freund eines Mädchens zu ihrem Boyfriend zu werden, landest du automatisch und lebenslang in der Kumpelzone, dem Land mit der drittgrößten Bevölkerung der Welt, nach China und Indien. Und wenn du erst mal in der Kumpelzone gelandet bist, dann wird dich das Mädchen auf ewig als ganz normalen Gegenstand betrachten, wie ihren Bruder oder eine Lampe. Als asexuelles Wesen.

Ich hatte nur noch zwölf Stunden, bis ich mich in eine Lampe verwandeln würde.

Während der ersten Hälfte des Abends lief alles prima. Wir hatten uns ein Boot gemietet; ich half ihr an Bord, ohne dabei selbst ins Wasser zu fallen, ruderte sie über den See, als wüsste ich, was ich da mache, und Lena schien glücklich zu sein und sprach pausenlos (jawoll!).

TIPP

Du kannst auf YouTube nicht nur mit Anzeigen und Klicks Geld verdienen, sondern auch mit einem Tauschgeschäft. Wenn eine Firma will, dass du sie in deinem Video erwähnst, kann sie dir anstelle von Geld auch Dinge anbieten (wie Handys, Computer, Spielkonsolen). Zögere oder schäme dich nicht, es von ihnen zu akzeptieren. Der Tauschhandel existiert schon seit Zeiten, in denen wir noch als Affen über den Planeten liefen.

In einer einsamen Bucht legten wir an. Mit einem Eistee in der Hand erzählte ich ihr, dass ich an der Eliteakademie für YouTuber aufgenommen worden war.

„Ach, wie cool! Dann werden wir also Kommilitonen sein! Ich wurde letztes Jahr angenommen. Im September fange ich mein zweites Jahr an!“, sagte sie freudig.

Na super! Nicht nur, dass sie älter war als ich, sie studierte sogar schon an der Akademie. Ich versuchte, nicht so unsicher zu wirken, wie ich mich eigentlich fühlte.

Lena bemerkte es entweder nicht – oder sie wechselte deshalb zu einem anderen Thema.

„Hast du jemals etwas Schöneres gesehen?“, fragte sie, während sie den Sonnenuntergang betrachtete. „Ja!“, antwortete ich und sah sie an.

Ich weiß, dass das vielleicht dumm war, ist mir aber egal jetzt.

Mit einem unfassbaren Mut sagte ich:

„Ach, apropos Sonne: Wusstest du, dass man einem anderen auf dreiviertel Millimeter nahekommen muss, damit die Atome in den beiden Körpern dieselbe Anziehungskraft haben, die die Sonne auf jeden von uns ausübt?“

„Wow! Das ist ja cool! Glaubst du, dass man so was fühlen kann?“, fragte sie mich lächelnd.

Ich kapierte nicht, ob sie mit mir flirtete oder nur von naturwissenschaftlicher Neugier getrieben war, entschied mich aber, es rauszukriegen.

TIPP

Es wird oft gesagt, dass ein gutes Video nicht länger als eine Minute dauern sollte. Die Leute schalten nach dieser Zeit oft weg und so sehen sie es sich leider nicht bis zum Schluss an, kriegen somit die Pointe nicht mit und es ist sehr wahrscheinlich, dass sie dich nicht abonnieren werden. Dennoch kann auch ein 20-minütiges Video ein Erfolg sein, wenn es interessant ist.

„Wir können es ausprobieren", sagte ich und bewegte mich in ihre Richtung, wobei ich versuchte, das Boot nicht zum Kentern zu bringen.

Jetzt waren wir uns so nah, dass ich den Duft ihres Shampoos riechen konnte. Es war etwas Süßes, so was wie Mango, Ylang-Ylang oder Einhorntränen, wer weiß.

„Ich fühle nichts", sagte Lena stirnrunzelnd.

Ich hätte antworten können, dass es völlig normal sei, nichts zu spüren, denn die genannten Kräfte seien beide nahe null im Vergleich mit der Anziehungskraft der Erde. Aber ich pfiff auf die Teilchenphysik und näherte mich ihr noch weiter.

„Und jetzt?", fragte ich sie, und mein Herz bebte in meiner Brust.

„Nein, immer noch nichts", sagte sie ernsthaft.

„Das ist genau mein Moment!", sagte ich mir und drehte mein Gesicht mit geschlossenen Augen zu ihrem. Als ich die Augen wieder öffnete, saß Lena auf dem Rand des Bootes und sah mich mit einer Mischung aus Mitleid und Verstimmung an. Sie begann sehr schnell zu sprechen, um das peinliche Schweigen irgendwie zu brechen.

„Alex, es tut mir leid! Ich meine ... du bist ein toller Typ, superintelligent, und ich mag dich sehr, aber ... ähh ... ich habe einen Freund und ... ähh ... zwischen uns kann nichts in der Art passieren ..."

Ich brauchte einige Sekunden, um den peinlichsten Augenblick meines Lebens zu überwinden, und antwortete dann:

„Ich glaube, ich habe einiges falsch verstanden."

„Es tut mir leid!", wiederholte sie, „Ich wollte nicht, dass … Ich dachte, dass du auch … Ich … konnte es kaum erwarten, dich mit Max bekannt zu machen! Ich denke, ihr würdet euch supergut verstehen!"

„Max?"

„Ja, Max, mein Liebster. Vielleicht kennst du ihn … er betreibt den Kanal Max S."

Ich habe zwar noch nie unter 1000 plötzlich herabgefallenen Felsbrocken gelegen, gehe aber davon aus, dass es sich ungefähr so anfühlt wie dieser Moment. Ich versuchte, normal zu atmen, auch wenn es mir sehr schwerfiel. Lena war ausgerechnet die Freundin von Max S, meinem Idol und dem erfolgreichsten deutschen YouTuber. Gegen jeden anderen hätte ich vielleicht noch eine Chance gehabt, aber gegen Max S? Nicht nur, dass er der witzigste Mensch auf der Welt war – mit dem Geld, das er verdiente, half er auch noch den Armen. Ich bin YouTuber mit einigen Tausenden Abonnenten und habe nicht mal genug Geld, dass es sich lohnen würde, mich auszurauben.

„Ja, hab von ihm gehört", sagte ich schwermütig zu ihr.

„Du, noch mal, es tut mir ...", begann sie zu sagen, aber ich unterbrach sie eilig.

„Nein, nein, mir tut es leid! Vergessen wir diese ganze Sache einfach, o.k.?"

„O.k.! Ich will doch, dass wir Freunde bleiben!"

„Freunde". Ein weiteres Wort, das mir auf der Stirn eintätowiert bleiben wird. Ich begann einfach zu rudern. Als ich mein Spiegelbild im Wasser betrachtete, sah ich rund um meinen Kopf einen Lichtschein. Ich war eine Lampe geworden.

Am nächsten Morgen endete die Virtuelle Sommerschule. Lena sagte mir beim Abschied, dass sie es kaum erwarten könne, dass wir uns an der Akademie wiederträfen. Tja. Ich dachte gerade eher an das Wiedersehen zwischen ihr und ihrem Liebsten, was sich für mich anfühlte wie eine Wurzelbehandlung beim Zahnarzt. Und zwar live und ohne Schmerzmittel oder Betäubung.

Trotzdem versuchte ich zu lächeln und ein paar Witze zu machen, etwa wie komisch es sein würde, nach diesen sieben Tagen zurückzukehren ins reale Leben. Lena lächelte und winkte mir ein letztes Mal.

Ich winkte zurück, setzte meine virtuelle Brille ab und war wieder zu Hause in meinem Zimmer. Nichts war real gewesen in den letzten sieben Tagen – es gab keinen See, keine Hütte, keine Pizzeria und keinen Sonnenuntergang. Nur Lena war wahr. Und sie war realer als alles andere in meinem Leben.

ZWEITES KAPITEL

Es ist mein erster Tag an der Eliteakademie für YouTuber, und ich bin wahrscheinlich schon jetzt der größte Witz von allen. Ich stehe vor dem 3D-Hologramm im Flur des Gebäudes und versuche seit zehn Minuten zu verstehen, wo das Seminar „Geschichte von YouTube" stattfindet. Dann sehe ich zwei Typen auf mich zukommen und erkenne sie gleich. Der größere von beiden heißt Lukas und betreibt den Kanal Explosive Experiments. Lukas nennt sich „Myth Buster". Ich würde ihn allerdings eher als „Mülltonnenforscher" bezeichnen.

Lukas sprengt alles in die Luft, was nicht bei drei auf den Bäumen ist, und es ist ein Wunder, dass er noch alle Finger an den Händen hat. Denn eigentlich hat er keine Ahnung von Physik. Ich weiß gar nicht, warum ich mir seine Clips überhaupt anschaue. Wahrscheinlich aus demselben Grund, aus dem man bei einem Autounfall hinguckt: Man kann einfach nicht anders. Sein letzter Clip, in dem er geschmolzenes Aluminium in ein Wespennest gegossen hat, erreichte etwa 5 Millionen Zuschauer und lieferte den Behörden den Anlass, den Verkauf von Aluminium an Minderjährige zu verbieten.

„Oje, fuck me! Die Akademie akzeptiert jetzt auch Sozialfälle! Wie viele Abonnenten hast du, zehntausend? Bekommt man neuerdings auch als Loser Stipendien?"

Lukas grinst sehr zufrieden über sein Witzchen.

Ich würde ihm am liebsten etwas entgegnen wie: „Wow, was für ein kluger Witz, Lukas. Fast so klug wie dein Experiment, wo du einen Airbag in die Mikrowelle gepackt und damit die Küche in Brand gesetzt hast!" Stattdessen sage ich aber lieber: nichts.

„Mann, der hat gesessen!", lacht der andere.

Der andere ist Lukas' Freund Daniel, der den Kanal Fatal Reaction betreibt. Mit den meisten seiner Clips reagiert Daniel auf die Loser-Experimente von Lukas. Wenn sein idiotischer Freund ihm mal kein Material zur Verfügung stellt, macht er sich über unschuldige Menschen lustig.

Ich nutze meine unschlagbare Strategie: Ich schaue die beiden dumm an und reagiere gar nicht. Aus Erfahrung weiß ich, dass das das Beste ist, denn erstens weiß ich nicht, wie man kämpft, und zweitens verfügen Menschen wie diese beiden über die Aufmerksamkeitsspanne einer Eintagsfliege. Nach ein bis zwei Minuten werden sie sich eh ein anderes Spaßobjekt suchen.

„Was für Clips, glaubst du, dreht unser stummer Freund wohl?", überlegt Lukas laut. „Make-up? Food? Rant? Vielleicht spricht er über Essen, während er mit Make-up spielt?"

„Also ich denke, der ist so einer von denen, die ...", fängt Daniel an – aber ich bekomme das Ende seiner genialen Vermutung leider nicht mit, weil eine energische Stimme ihn unterbricht: „Alex be-

TIPP

Die Basis für einen guten Dreh ist eine gute Kamera in HD. Aber du musst dir deswegen nicht gleich für Unsummen eine kaufen. Heutzutage kann man auch zum Beispiel auf dem iPhone gut in HD drehen (auch fürs Fernsehen). Für einen Handydreh kaufe dir aber lieber ein Stativ dazu, ansonsten kannst du es dir kaum anschauen. Für Videofeinschmecker empfiehlt sich eine digitale Spiegelreflexkamera.

treibt einen wissenschaftlichen Kanal. Und der ist sogar ziemlich gut!“

Obwohl ich schon vorher weiß, wer es ist, drehe ich mich blitzschnell um. Lena trägt einen Hoodie mit dem World-of-Worldcraft-Logo, einem Spiel aus der Zeit unserer Großeltern, und einen zotteligen Pferdeschwanz. Zwei Gedanken schießen mir gleichzeitig durch den Kopf:

Wie lange war sie schon hier?

Und:

2. Wenn es wahr ist, dass man mithilfe der Macht der Gedanken alles erreichen kann, wie viel Konzentration bräuchte ich wohl, um ein Loch im Boden gleich vor mir zu erschaffen und darin zu verschwinden?

Da das Loch nach einigen Sekunden immer noch nicht da ist, entscheide ich mich, meine Regel zu brechen.

„Danke, Lena! Die Jungs spaßen nur“, sage ich und versuche, gechillt auszusehen.

„Oh, wow! Ein Wunder! Der Stumme spricht!“, schreit Lukas dramatisch, gefolgt von Daniels zustimmendem Lachen.

Ich täusche ein Lächeln vor, fühle aber, dass ich mich wieder in den Rote-Bete-Menschen verwandle. Lena schaut mich zweifelnd an und sagt dann zu Lukas:

„Du solltest Alex' Kanal abonnieren, damit du Physik endlich verstehst. Heißt Spaghettification und …“ Lukas unterbricht sie.

„Spaghettifi…“, sagt er und brüllt vor Lachen.

Da das Loch im Boden sich noch immer nicht auftut, obwohl es mein größter Wunsch ist, sage ich schnell:

„Jungs, ich muss gehen! Lena, wir sehen uns!“, und laufe los, ohne sie anzuschauen.

„Aach … natürlich“, antwortet sie.

Ich bewege mich schneller und schneller, als ob ich wüsste, wohin. Ich höre die zwei immer noch lachen, biege um die Ecke und flüchte mich in den erstbesten Raum. Zu meinem Glück ist es die Männertoilette.

Ich lasse meinen Rucksack runter und gehe zum Waschbecken, um mein Gesicht zu kühlen. Ich fühle, wie meine Ohren brennen. Es ist nicht das erste Mal, dass ich gemobbt werde. Es ist aber das erste Mal, dass so was vor dem Mädchen passiert, in das ich verliebt bin. Diesem Erlebnis würde ich selbst eine achtstündige öffentliche Lesung aus den Allgemeinen Geschäftsbedingungen von Assbook vorziehen.

„Hab' dir doch gesagt, dass er hier drin ist!" Mist, das ist Daniels Stimme. Ich hebe schnell den Kopf aus dem Waschbecken, aber zu spät: Lukas hat meinen Rucksack bereits geöffnet und nimmt meine kleine kugelartige Kamera raus. Er wirft sie jetzt von einer Hand in die andere wie eine Orange.

„Wo hast du diesen alten Scheiß denn her? Ich wusste gar nicht, dass man so was noch herstellt!"

„Vielleicht hat er die aus einem Museum geklaut. Oder es ist irgendein Familienrelikt aus dem vierzehnten Jahrhundert", meint Daniel.

Ich könnte ihm verraten, dass die Kamera erst ein halbes Millennium später erfunden worden ist, glaube aber nicht, dass eine solche Information ihm je helfen wird.

„Hmm ... ich frage mich, ob dieser alte Scheiß Schadenschutz hat", sagt Lukas.

Wir beide wissen ganz genau, dass nur die neueste Generation von Kameras über Schadenschutz verfügt und meine einfach am Boden zersplittern würde.

„Was denkst du, Spaghetti? Machen wir ein kleines Experiment?", fragt er mich grinsend.

Ich denke an meine Eltern, die den Kredit für diese Kamera über zwei Jahre lang abzahlen mussten, und bekomme Bauchschmerzen. Ich könnte vor Wut losheulen, will Lukas und seinem kleinen Soldaten aber keinen Triumph gönnen. Deshalb beiße ich im Mund auf meine Wange, bis es blutet, sage aber nichts.

„Der ist wieder stumm geworden", sagt der hochintelligente Daniel.

„Vielleicht wird ihn das zum Sprechen bringen. Fang!", sagt Lukas und wirft ihm die Kamera zu.

Daniels Reflexe sind gemessen an seinem IQ erstaunlich gut, und obwohl die Kamera in einem 60-Grad-Winkel geflogen kommt, kann er sie auffangen.

Dann sieht er mich an und öffnet mit einem Grinsen im Gesicht seine Hand. Die Kamera fällt heraus und die Linse zerbricht in Dutzende von Splittern.

„Ooops! Ich bin ja so tollpatschig!“, sagt er und beginnt zu lachen.

„Das wirst du bereuen“, sage ich mit geballten Fäusten.

„Auweia! Neeein! Was würdest du uns denn antun, Spaghetti? Wirst du uns kochen?“, schreit Lukas mit gespielter Angst, und Daniel unterstützt ihn mit seinem lauten Gelächter.

Ich mache einen Schritt nach vorne und die beiden machen blöd grinsend ebenfalls je einen Schritt in meine Richtung.

Mir ist durchaus bewusst, dass ich nicht richtig schlagen oder mich auch nur verteidigen kann, das ist mir aber in diesem Moment komplett egal.

Zwischen uns ist nur noch ein halber Meter, als ich plötzlich eine Stimme hinter mir höre.

„Hey! Ist hier ’ne private Party, oder darf ich auch mitmachen?“

Ich hätte diese Stimme auch im Schlaf erkannt. Ich habe zahlreiche Stunden über seine Witze gelacht, und ich habe immer alles, wirklich alles stehen und liegen lassen, sobald er irgendetwas Neues auf YouTube gepostet hat. Wir drehen uns alle drei um.

Max S sieht im Realen größer und kräftiger aus als auf dem Screen. Er trägt sein T-Shirt eine Nummer kleiner; es trägt die Aufschrift „Lasset die Abonnenten zu mir kommen“.

TIPP

Das Mikrofon und der daraus resultierende Ton sind genauso wichtig wie eine gute Kamera. Selbst wenn du das beste Bild hast – wenn man nichts versteht oder es rauscht, dann ist das Video im Eimer.

„Hey, hey!", sagt Lukas sehr freundlich.

„Hey, Mann!", sagt auch Daniel, sanft wie ein Lämmchen.

Man könnte fast vergessen, dass es sich um dieselben Personen handelt, die gerade meine Kamera zerstört haben. Fast.

„Was ist denn hier los?", fragt Max S, die Augen auf die zerbrochene Kamera gerichtet.

„Aaach, nichts. Der neue Kollege hatte einen kleinen Unfall", sagt Lukas unschuldig lächelnd.

„Im Ernst?", fragt Max S und sieht mich an. Da ich nichts sage, spricht er weiter: „An eurer Stelle würde ich dafür beten, dass der neue Kommilitone keinen solchen ‚Unfall' mehr haben wird. Auch wenn er selbst auf seinen Schnürsenkel tritt oder Schluckauf hat, werde ich euch dafür verantwortlich machen."

Es folgen einige Sekunden Stille. Dann fängt Lukas an zu lachen.

„Hahaha, du bist ja witzig, Bruder!"

„Weißt du, was wirklich witzig ist?", fragt Max S lächelnd. „Herr Direktor Wagner hat mich gestern zu sich bestellt, um zu fragen, ob ich wisse, wer im neuen virtuellen Kino Feuer gelegt hat. Ich habe Nein gesagt. Und doch verfüge ich über ein Video mit zwei Typen, die schockierende Ähnlichkeit mit euch haben und die in einem Saal mit Feuer spielen, der sehr viele Euros gekostet hat. Wäre es nicht wahnsinnig lustig, wenn der Direktor diese Aufnahme zugesendet bekäme? Zufälligerweise, meine ich."

Lukas und Daniel werden so blass im Gesicht, dass sie fast genauso weiß sind wie die Wand hinter ihnen.

„O.k., Bruder. Message angekommen!", sagt Lukas, immer noch kreidebleich im Gesicht.

„Ja, Mann! Alles klar“, fügt Daniel eilig hinzu.

Die zwei verlassen die Toilette, nicht ohne noch einen besorgten Blick auf meine Schnürsenkel zu werfen.

Noch vor einigen Monaten hätte ich Max S vielleicht gesagt, dass ich sein größter Fan bin. Als ich jetzt dran denke, fühle ich, wie sich mein Magen umdreht.

„Bist du o.k.?“, fragt mich Max, als nur noch wir zwei uns in der Toilette befinden.

„Ja, danke!“, antworte ich und bemühe mich zu einem Lächeln.

Es reicht natürlich nicht, dass er ihr Geliebter ist, nein, er muss mich auch an meinem ersten Schultag retten wie ein hilfloses Baby.

„Ich bin Max“, sagt er und reicht mir seine Hand.

„Ich weiß, wer du bist. Ich freue mich, dich kennenzulernen! Ich bin ...“, versuche ich zu sagen, doch er unterbricht mich:

„Alex. Lena spricht seit dem Sommercamp pausenlos von dir.“

Ich versuche mich zu kontrollieren, werde aber plötzlich wieder zum Rote-Bete-Mann, dem einzigen Superhelden, der diese Superkraft hat, superrot im Gesicht zu werden. Max fährt fort:

„Übrigens danke, dass du dich um sie gekümmert hast.“

Ich lächle und nicke zustimmend, obwohl mein Hals sich genauso trocken anfühlt wie die Sahara. Ich frage mich, ob Lena ihm auch von meinem gescheiterten Kussversuch erzählt hat. Die Tatsache, dass ich noch alle Zähne im Mund habe, beweist aber eigentlich, dass sie das nicht getan hat.

„Lena ist ein tolles Mädchen“, antworte ich ihm.

„Genau das sagt sie auch über dich. Also ich meine, dass du toll bist. Du hast Glück, dass ich nicht eifersüchtig bin“, sagt Max und sieht mich lächelnd an.

Die Richtung, in die sich unser Gespräch entwickelt, und seine Blicke sind ungefähr so angenehm wie eine Tomografie – eingeklemmt, ohne wegzukönnen.

Ich beginne gedankenverloren mit dem Fuß die Reste meiner Kamera zusammenzuschieben. Max sieht mir zu und fragt:

„Hast du noch eine andere Kamera?“

„Nein“, antworte ich und fühle, wie mein Magen sich wieder zusammenzieht. Auf keinen Fall will ich meine Eltern um Geld für eine neue Kamera bitten. Die Kosten für die Akademie übersteigen eigentlich schon bei Weitem ihre Möglichkeiten. Ich muss eine andere Lösung finden. Vielleicht verkaufe ich meine Armbanduhr. Oder eine Niere. Die Nieren sind sowieso zu nah beieinander.

Die Stimme von Max S bringt mich zurück in die Realität.

„Nimm die!", sagt er und gibt mir etwas in die Hand.

Es ist eine Zoix 3000. DIE Hochleistungskamera auf dem Markt. Fünfmal kleiner, zehnmal leichter und 50-mal teurer als meine alte.

„Nein … das kann ich nicht annehmen", stammle ich verlegen.

„Doch, kannst du! Wie willst du deinen Clip für morgen sonst filmen? Lena sagt, dass du mit deinen wissenschaftlichen Stories eine Leistung für die ganze Gemeinschaft erbringst."

Er lächelt wieder, und ich kann nicht genau sagen, ob er es ernst meint oder ironisch.

„Und übrigens, ich hab noch eine Zoix 4000", sagt er.

Meine Augen werden kreisrund. Ich hatte zwar Gerüchte über diese Superkamera gehört, war aber überzeugt gewesen, dass es sich um Erfindungen gehandelt hatte.

„Gibt es die wirklich?“, frage ich verwundert.

„Natürlich! Sie haben jedem YouTuber eine Testkamera geschenkt. Jedem YouTuber mit einem Diamond Play Button, meine ich“, fügt er lächelnd hinzu.

Für einen YouTube Diamond Play Button muss man über 10 Millionen Abonnenten haben. Also eine Trillion mehr, als ich gerade habe.

„Ich kriege Muskelkater, wenn ich meine Hand noch lange so halten muss! Und ich werde auch Krach mit Lena bekommen, wenn ich dich im Stich lasse. Komm, hilf mir, keinen Streit mit der Tante zu haben!“, lacht Max.

Ich weiß nicht, was ich sagen soll, also nehme ich die kleine glänzende Kamera an.

„Danke dir … ich … ich … danke dir!“, stottere ich wie ein Idiot.

„Alles cool! Ist mir ein Vergnügen!“, sagt Max S, „Und sag mir Bescheid, wenn die zwei Trottel dich noch mal belästigen sollten.“

Er klopft mir auf die Schulter, dann geht er raus und ich bleibe starr vor Verwunderung und mit offenem Mund in der Toilette zurück.

Es sei Lena gegönnt, dass sie ihn statt mir gewählt hat. O Gott, müsste ich zwischen mir und ihm wählen, würde ich mich auch für ihn entscheiden.

TIPP

Licht ist nicht nur für unser Leben wichtig, sondern auch für die Zuschauer. Im Dunkeln sehen sie nichts und eine schlechtere Kamera schafft es nicht, dein Gesicht zu fokussieren. Spare deshalb nicht mit Licht. Die meisten Filmkameramänner werden dir sagen, dass das Beherrschen von Lichttechnik das Erste ist, was du lernen musst.

DRITTES KAPITEL

Während der nächsten Schulwochen sah ich Lukas und Daniel ab und zu aus der Ferne, aber sie mieden mich, als wäre ich mit einem tödlichen Virus infiziert. Einmal waren sie auf der Treppe direkt hinter mir und ich habe so getan, als ob ich stolpere – nur um die Panik in ihren Augen zu sehen.

Im Übrigen ist diese Akademie ein kleines Paradies für YouTuber. Wir haben drei virtuelle Kinos (sogar vier, wenn man das von Lukas und seinem Freund abgefackelte dazuzählt) und je zwei Studios für jede Art von Kanal (Food, Science, Make-up, Technology, Gaming usw.).

Ich habe gehört, dass es sogar ein Studio für Instagram gibt mit dem bestmöglichen Licht für Selfies. Ich war noch nie wirklich neugierig, da hinzugehen, weil ich höchstwahrscheinlich die einzige Person unter 100 Jahren auf der ganzen Welt bin, die noch nie ein Selfie gemacht hat.

Mein Mitbewohner ist ein Typ, der Reise-Vlogs dreht, was für mich einfach großartig ist, da er meistens unterwegs ist und in allerlei exotische Länder reist und ich mich fast gar nicht sozialisieren muss. Mein Lieblingsfach ist „Geschichte von YouTube“, ich bin aber auch o.k. bei Filming Rules und Vlogging.

Diktion ist leider nicht so meine Stärke, erstens, weil ich nicht mal „Wer weltbekannter Vlogger werden will, wirbt mit viralen Videos“ schnell und fehlerlos sprechen könnte, und zweitens, weil ich krankhafte Angst davor habe, vor Leuten zu sprechen. Ich glaube, dass die Lehrerin inzwischen begriffen und akzeptiert hat, dass ich nicht der Philip DeFranco unserer Generation sein werde, denn sie lässt mich in Ruhe.

Den Sinn einiger Fächer wie Facebook, Instagram oder Twitter verstehe ich nicht, was wahrscheinlich daran liegt, dass mein Publikum nur aus meiner Mutter, meinem Vater und einigen Menschen, die sich eher über mich amüsieren, besteht. Und, natürlich, aus Lena. Vielleicht habe ich aber auch nur so wenig Facebook-Fans, weil ich nur noch den blöden Usernamen www.facebook.com/a.schmidtt abbekommen habe. Wer weiß, das kann durchaus möglich sein.

Lena ... Ich habe am ersten Schultag versucht, ihr möglichst aus dem Weg zu gehen – erst recht nach der Toiletten-Begegnung mit Max S. Natürlich habe ich sie dann genau an dem Tag getroffen, an dem es mir so richtig beschissen ging. Das war im Garten.

Man hatte mir erzählt, dass die meisten hier vor ihren Notebooks auf speziell dafür gebauten Tischen essen, um keine kostbare Zeit zu verlieren und beim Essen den nächsten Clip filmen oder editieren zu können. Das war mir aber zu doof und ich ging zum Mittagessen raus in den „hängenden Garten“: die begrünte Riesenterrasse. Wo ich feststellen durfte, dass Lena dieselbe Gewohnheit hatte.

Unser erstes gemeinsames Mittagessen bestand zu gleichen Teilen aus gegrilltem Fisch, Salat und etlichen Momenten peinlichen Schweigens. Lena versuchte diese Momente mit kleinen Gerüchten über Professoren oder Ratschlägen zur Stärkung meiner Online Visibility zu überwinden. Ich versuchte mich so normal wie möglich zu benehmen, doch erinnerte ich mich immer wieder daran, wie ich sie an dem Abend auf dem Boot angesehen hatte – und an den Satz: „Ich will doch, dass wir Freunde bleiben!“

Erstaunlicherweise schreckte mein krampfiges Schweigen sie nicht ab und sie suchte weiter den Kontakt zu mir. Binnen weniger Tage wurden unsere Gespräche zu den Highlights des Tages. Max S erwähnte sie taktvollerweise kein einziges Mal. Musste sie auch nicht – ich denke auch so oft genug daran, wie toll er ist und

TIPP

Der Fokus ist eine weitere notwendige Fähigkeit eines guten Kameramannes. Zum Glück gibt es bei den meisten Kameras und Mobiltelefonen einen automatischen Fokus. Aber es schadet nichts, es auch manuell zu können. Die Technik ist nicht immer zuverlässig und kann dir so eine schöne Einstellung vermasseln.

warum ich nie wie er sein werde. Auf YouTube kommentieren ja alle dauernd und mit Recht, wie witzig sein neuester Clip ist oder wie großherzig seine letzte Spende. In den Fluren der Akademie hängen sogar überall Gif-Plakate mit ihm: Zum Slogan „Auch DU kannst der nächste Max S sein" blinzelt er einem zu und macht das Victory-Zeichen. Alle Professoren verwenden ihn als Beispiel, und in Vlogging hatten wir sogar eine Fallstudie über ihn. Gutherzig, witzig, reich, populär und beliebt: Max S ist alles, was ich nicht bin und nie sein werde.

Mitte des 2. Semesters erfahre ich, dass wir fürs erste Jahr ein Abschlussprojekt machen müssen.

„Videoessay: Die Person, die ich am meisten schätze", schreibt Herr Hoffmann, der Vlogginglehrer, an die digitale Tafel.

Ich habe jetzt also zwei Optionen: Mich vor Lena klein machen und einen Clip über den Menschen drehen, den ich am meisten schätze, nämlich ihren Geliebten Max S – oder lügen und jemand anderen porträtieren (mit der von Max S geschenkten Kamera!). Das wäre die Variante „undankbarer und neidischer Trottel".

„Cool!", sage ich plötzlich laut, völlig unkontrolliert.

Herr Hoffmann scheint mich gehört zu haben; er kommt auf mich zu.

„Ich hoffe, du hast einen guten Grund, meinen Unterricht zu stören", sagt er lächelnd.

„Herr Professor, ich … ich wollte … ich wollte sagen …, dass …", beginne ich zu stottern.

„Ich habe nicht mit dir gesprochen“, sagt er genervt zu mir und zeigt mit dem Finger auf den Mikrokopfhörer. „Oh, Gott, glaubst du, dass sich alles nur um dich dreht? Nein, ich meinte nicht dich, sondern den Schüler Pumpkin.“

Herr Hoffmann entfernt sich und versucht, seine „Pumpkin“ zu beruhigen, als der Dienstroboter die Mittagspause ankündigt. Ich entscheide mich, wie gewohnt, in den hängenden Garten zu gehen.

Lena ist die letzte Person, die ich heute sehen will. Ich nehme meinen Teller und gehe an den künstlichen Strand vor dem Schwimmbad für Urban Surfing. Dabei hasse ich Sand eigentlich. Aber Mittagessen vor dem Bildschirm ist noch blöder. Und wenigstens finden gerade keine Kurse im Schwimmbad statt, und der Wellengenerator ist auch aus.

Kaum habe ich in mein Thunfischsandwich gebissen, höre ich hinter mir eine Stimme:

„Da bist du ja! Ich hab dich überall gesucht!“

Es ist natürlich Lena mit einem kurzen gelben Rock und einem lila T-Shirt mit drei kleinen Vierecken zum Ankreuzen drauf: „Single“, „Taken“ und „Subscribed“. Ein „X“ markiert das letzte Viereck.

„Ach, sorry! Hab ich nicht gewusst“, lüge ich. „Ist irgendwie nicht mein Tag.“

„Was ist passiert?“, fragt sie mich besorgt und setzt sich neben mich.

Ich hätte ihr gerne so was gesagt wie: „Wo soll ich anfangen? Ich muss ’nen Clip drehen über die Person, die ich am meisten schätze, und normalerweise würde ich den Clip über Max S drehen, aber damit würde ich mich ja nur klein machen vor dir, und außerdem bin ich nur ein Loser und ein Hater.“ In Wahrheit sage ich ihr jedoch:

„Ach, nichts Wichtiges.“

„Du hasst Sand. Ich bezweifle, dass dich nichts Wichtiges hierher gebracht hat“, sagt sie lächelnd.

„Bin nur ein bisschen gestresst wegen des Abschlussprojekts.“

„So so ... ich kann dir doch helfen! Was für ein Thema hast du?“

„Videoessay über die Person, die ich am meisten schätze“, sage ich so schwerfällig, als wöge jedes Wort eine Tonne.

„O.k., machen wir eine Liste! Die Top 3 der Leute, die du am meisten schätzt?“

Na toll! Wie soll ich es ihr nur sagen? „Ist doch einfach: Dein Geliebter ist auf dem ersten Platz. Ich brauche aber keinen beschissenen Clip, um mich daran zu erinnern, dass er besser ist als ich.“

„Keine Ahnung“, antworte ich ein wenig genervt.

„Es muss doch eine Person geben ... Vielleicht einen anderen YouTuber, den du abonniert hast?“

„Keinen Plan!“, sage ich schnell.

„Oder eine ...“, fängt sie wieder an, und ich unterbreche sie jetzt wirklich genervt.

„Weißt du was, Lena? Ich erinnere mich gar nicht, dich nach deiner Hilfe gefragt zu haben. Kümmere dich besser um dein eigenes Projekt und überlass es mir, mich um meines zu kümmern!“

Ich hatte gar nicht erwartet, dass dieser Tag noch beschissener werden könnte, aber als ich ihr leicht blasses und erschrockenes Gesicht sehe, fühle ich mich wirklich wie der größte Loser ever. Ich will mich entschuldigen und ihr sagen, dass es nur meine Schuld ist, dass ich eifersüchtig und dumm bin. Aber was ich stattdessen tue, ist, aufstehen, weggehen und sie da allein am künstlichen

Strand sitzen zu lassen. Manchmal verstehe ich mich selbst nicht.

Ich will am liebsten in mein Zimmer gehen, im Dunkeln sitzen und daran denken, wie doof ich bin. Dann besinne ich mich aber darauf, dass ich wohl die einzige Person auf der Welt bin, die mir helfen kann – und gehe in die Bibliothek.

Meine Mutter hat mir aus ihrer Kindheit erzählt, dass es damals noch gedruckte Bücher gab. Vor 30 Jahren waren dann endgültig alle Bibliotheken digitalisiert. Bücher, die vor etwa 100 Jahren einen ganzen Raum gefüllt haben, findet man jetzt auf einem Mikrochip in der Größe eines Fingernagels.

Ich erreiche den Buchstaben „D" und nehme die Kiste mit dem Namen meines Großvaters. Dann suche ich nach dem ältesten Mikrochip. Merkwürdigerweise klebt ein Label „2017" darauf. Dabei weiß doch jeder, dass mein Großvater seinen ersten Clip erst 2020 gepostet hat und so über Nacht zum Star wurde.

Ich stecke den 2017er-Mikrochip ein und warte. Es tut sich nichts auf dem Bildschirm. Aber als ich den Chip wieder rausnehmen will, aktiviert sich ein Hologramm.

Vor mir erscheint ein Junge mit braunen, lockigen Haaren. Er trägt eine runde Brille und ein T-Shirt mit der Aufschrift „Frühmorgens". Schockiert realisiere ich, dass das Kind vor mir mein Großvater ist. Oder besser gesagt: sein Hologramm.

TIPP

Das Schneiden des Videos gibt dem Drehmaterial die endgültige Form. Die am häufigsten verwendeten Schnittprogramme sind Final Cut, Adobe Premiere und Vegas. Dein Video sollte das gewisse Etwas und Tempo haben. Es darf weder durch den Inhalt noch durch den Schnitt langweilig werden. YouTuber verwenden bei langen Monologen oft Zwischenschnitte für eine bessere Dramatik.

„Hey Internet, grüß dich!“, fängt mein Großvater an.

„Im heutigen Clip will ich meinem ersten und heftigsten Hater antworten. Hey, Jimi96! Schaut mal, was mir Jimi96 geschrieben hat:

„You fucking suck bigtime Du hast nix Humor, keine Abonnenten, nur du und deine Mutter denkt, dass du witzig bist. Deine Witze sitzen nicht und du willst kein Geld mit deinen Clips machen. Du dumm und sollst keine Vlogs mehr machen!“

Mein Großvater lächelt jetzt nicht mehr, sondern spricht in ernstem Ton weiter:

„Jimi96, erst mal nehme ich an, dass du dich mit der Grammatik in einem heftigen Streit befindest oder mehr noch, dass ihr euch getrennt habt. Das tut mir leid, Mann! Andererseits glaube ich, dass du sie, so wie es aussieht, nie wirklich geliebt hast. Ich sehe ein, dass du dich dann auch gleich von der Orthografie und der Zeichensetzung getrennt hast. Die sind ja auch tierisch kompliziert und stehen auf Regeln, warum sollst du damit Zeit verschwenden? Deine Nachricht beweist, dass du ein sehr feiner Beobachter bist. Ja, so ist es, ich habe wenig Abonnenten. Ich gratuliere dir: Du hast es geschafft, die Anzahl neben meinem Namen richtig zu entziffern! Und ja, du hast recht, meine Mutter glaubt, dass ich witzig bin. So sind Mütter, egal wie sehr die Realität sie vom Gegenteil überzeugen will. Sie wollen nur das Beste für ihre Kinder. Vielleicht glaubt auch deine Mutter zum Beispiel, dass du intelligent bist."

Ich habe den totalen Lachflash, aber mein Großvater macht noch weiter:

„Zweitens, du solltest wissen, dass ich dich für die Besessenheit, mit der du meinen Kanal stetig besuchst, wirklich bewundere. Und das nur, um mir zu schreiben, was du über meinen Humor oder meine Intelligenz denkst. Dass du nachts nicht schlafen kannst, ohne mir vorher einige schlecht geschriebene Zeilen zu schicken, zeigt mir, wie wichtig ich für dich bin. Es tut mir leid, dass ich dir nie antworte, ich habe doch ein Leben.

Und so kommen wir zum letzten Teil deiner Message. Hier habe ich eine schlechte Nachricht für dich: Ich werde weiter Clips drehen, und ich werde auch damit und davon leben können. Vielleicht werden deine Kinder (falls du dich entscheidest, dich trotz der ungünstigen Voraussetzungen zu reproduzieren) meinen Namen kennen. „Frühmorgens" wird ein erfolgreicher Kanal sein und ich einer der bekanntesten YouTuber in Deutschland. Weißt du, warum ich davon überzeugt bin? Weil ich eine geheime Waffe habe. Es ist nicht die Intelligenz, auch nicht der Humor, wie du gesagt hast. Vielleicht bin ich nicht der witzigste YouTuber im Lande, und sicherlich nicht der intelligenteste, aber weißt du, was mein Geheimnis ist? Ich gebe nie auf. Nie. Ich werde weiter Witze machen und auch weiter Clips drehen und schneiden.

Ich weiß, was du dir am meisten wünschst: dass ich versage. Und höchstwahrscheinlich wird dieser Wunsch auch irgendwann in Erfüllung gehen. Aber weißt du, was gleich nach meinem Versagen passieren wird? Ich werde wieder von vorne anfangen. Und ich bin mir sicher, dass ich damit gewinnen werde. Und weißt du auch, warum? Menschen, die nie aufgeben, kannst du gar nicht bekämpfen. Du hast dich entschieden, dass der beste Weg für dich die Beleidigung von Menschen ist, die du nur vom Bildschirm kennst. Ich habe mich entschieden, Leute zum Lachen zu bringen. Du glaubst, dass Erfolg für dich ausgeschlossen ist, wenn ich ihn habe. Ich bin der Meinung, dass es auf der Welt genug Erfolg für alle gibt und wir uns alle gegenseitig helfen sollten. Jemand hat einmal Neid definiert: Man wartet, dass der andere stirbt, obwohl man selbst das Gift getrunken hat. Denk beim nächsten Mal daran, wenn du mir eine hasserfüllte Nachricht schicken willst: Dein Neid berührt mich gar nicht. Der tut nur dir selbst weh."

Die Worte meines Großvaters treffen mich wie ein Schlag ins Gesicht. Inwiefern unterscheide ich mich mit meinem Neid auf Max S eigentlich von Jimi96? Ich befinde mich in keinem Streit mit der Grammatik, aber sonst … Mein Großvater hat recht: Du musst dich auf deine Sachen konzentrieren und nie aufgeben. Und es gibt genug Erfolg für alle auf dieser Welt.

„Und wenn du, Jimi96, jemals aufhören solltest, Hate Comments zu schreiben, werde ich dich genauso vermissen …", fährt mein Großvater fort, „…wie ich einen Pickel vermissen würde. Im Ernst jetzt: Ich hoffe wirklich, dass du anfängst, dein Leben zu leben und kein Zuschauer meines Lebens mehr zu sein.

So viel für heute, wir sehen uns nächsten Donnerstag … frühmorgens!"

Das lockige Kind lächelt; das Hologramm blinkt ein wenig und ist anschließend weg. Mein Großvater war also keineswegs über Nacht zum YouTube-Star geworden, wie ich bisher gedacht hatte. Obwohl der früheste Clip von ihm, der noch auf YouTube steht, aus dem Jahr 2020 stammt, hat er bereits seit 2017 Clips gepostet. Und die drei Jahre Arbeit waren die Basis seines Erfolgs „über Nacht".

Mein Großvater hatte recht: Der Erfolg eines anderen verhindert meinen nicht. Ich stehe mir nur selber im Weg.

Bevor ich Zeit habe, es mir anders zu überlegen, nehme ich mein Handy und sende rasch zwei Mails.

Lena antwortet mir als Erste: „Bist entschuldigt. Wir alle haben auch schlechte Tage. Übrigens kann ich nicht lange auf dich böse sein, denn du bist mein bester Freund. See ya morgen zu unserem Lunch! :)".

Professor Hoffmann antwortet mir einige Minuten später: „Großartig! Max S ist das perfekte Thema für ein Abschlussprojekt!"

VIERTES KAPITEL

Max S gewann den Titel „YouTuber des Jahres", den German Vlogging Award, wurde „Entertainer des Jahres" bei Digital Star Prizes, „Favorite YouTube Personality" bei Next Gen Awards und wurde in die YouTube Hall of Fame aufgenommen. Außerdem wurde er wegen seiner Wohltätigkeitsarbeit zum Deutschen Botschafter von Global Kindness ernannt und bekam den Preis „Social Superstar des Jahres" bei der Online Society Gala.

Über mich wurde Folgendes gesagt: „Mein LieblingsYouTuber" (meine Mutter), „Er ist ein vielversprechender Junge, obwohl er ein wenig zu schüchtern ist" (mein Vlogging-Professor, Herr Hoffmann) und „Superbegabt, braucht aber mehr Selbstvertrauen" (Lena, das Mädchen, in das ich verknallt bin).

Lena war es auch, die mir die geheime Adresse gegeben hat, wo Max heute filmt.

„Max mag während seiner Arbeit keine Zuschauer", hatte sie gesagt, „Nicht mal ich darf bei Dreharbeiten dabei sein. Ich glaube, dass er die Menschen, denen er hilft, schützen will. Er ist aber auch ein Perfektionist, und ich denke, er mag es nicht, wenn es für Fehler beim Dreh Publikum gibt."

„Wird er nicht sauer sein, wenn ich da einfach so auftauche?", hatte ich sie besorgt gefragt. „Ich denke, es ist wichtig, dass du auch diese Seite von ihm siehst, sodass du ihn besser verstehen

TIPP

Abonnenten können auf vielfältige Weise gewonnen werden. Zuerst ist es am besten, Freunde und Familie dafür zu nutzen, dass sie deine Videos teilen. Und dann? Im Falle von qualitativ hochwertigen Inhalten kommt der Rest von ganz alleine. Frage nach, was deine Freunde interessiert und was sie gerne sehen würden.

und porträtieren kannst. Max geht es nicht nur um Erfolg und um die Anzahl der Abonnenten. Er will den Menschen helfen, die Welt zu verändern. Wenn er erfährt, dass du deine Abschlussarbeit über ihn machst, wird er sich total freuen", hatte sie mir versichert.

Der Drehort von Max ist eine ehemalige Schlüsselfabrik. Es ist witzig, wenn man darüber nachdenkt, dass bis vor 40 Jahren, als alle Eingänge digitalisiert wurden, Leute noch irgendwelche Metalldinger mit sich rumgeschleppt haben, um ihre Türen öffnen zu können.

Ich will mich möglichst geräuschlos reinschleichen, um die Dreharbeiten auf keinen Fall zu stören.

Jeder Clip von Max S besteht aus zwei Teilen. Im ersten Teil macht er Witze über alles Mögliche – von Weltraumtouristen, die All-inclusive-Kapseln bevorzugen, bis zu Roboterkellnern, die nicht mit den Bestellungen klarkommen.

Im zweiten Teil geht es immer um das Leben eines armen Menschen; dies sind meist sehr rührende Geschichten. Vor zwei Wochen hat er einem Typen im Rollstuhl, der zwei Kinder aus einem brennenden Haus gerettet hatte, ein selbstfahrendes Auto geschenkt. Letzte Woche hat er für ein armes Mädchen alle Gebühren für die Spacepilot-Akademie übernommen. Das Mädchen träumte davon, auch Raumfahrerin zu werden, genau wie ihr Vater, der während eines Einsatzes gestorben ist. Es gibt nicht vieles im Internet, das mich berühren kann, aber am Ende der Clips von Max S weine ich immer wie ein kleines Kind ...

Ich steige einige Stufen rauf, öffne eine Tür und befinde mich plötzlich auf einer Art hängenden Brücke. Einige Schritte von mir entfernt sehe ich Max S und einen Teenager. Es gibt keine anderen Leute für Licht- oder Klangarbeiten, nur drei kleine Drohnen, die um sie herumschweben.

Lena hatte recht – Max S ist sehr diskret mit seiner Arbeit. Ich drücke zitternd auf REC und nähere mich vorsichtig.

„Und jetzt das Ende. Action!", sagt Max S.

Der Junge dreht sich mit wässrigen Augen zu Max um.

„Es hat mich nie gestört, dass ich den Sonnenuntergang oder das Meer nie gesehen habe oder dass ich keine Ahnung habe, was für eine Farbe die Kirschen haben. Wenn man von Geburt an blind ist, fühlt man keinen Verlust, da man sowieso keine Ahnung hat. Aber Mama, meine Mutter ist ... sehr krank ...", sagt er, und seine Stimme bricht plötzlich.

„Wenn es dir zu wehtut, hören wir mit dem Filmen auf", versichert ihm Max S besorgt.

„Nein, danke! Ist o.k.", sagt der Junge und atmet tief ein. „Das Einzige, was ich mir je gewünscht habe, war, das Gesicht meiner Mutter zu sehen. Auch nur für eine Minute. Mit den Spitzen meiner Finger kenne ich es auswendig. Ich will aber nicht, dass sie stirbt, bevor ich sie nicht wenigstens einmal sehen kann."

Max S wischt sich diskret seine Tränen aus den Augen.

„Micha, ich helfe seit langer Zeit vielen Menschen, die mich mit ihren Geschichten sehr berührt haben, aber du ... deine Geschichte ... dein Optimismus ... dass du arbeitest, trotz aller Hindernisse, sodass du die Medikamente für deine Mutter bezahlen kannst ... du hast mich wirklich zutiefst berührt, Bruder. Ich will mich bei dir bedanken und dir eine kleine Freude schenken. Ich werde dir das Geld für eine bionische Augenprothese zur Verfügung stellen. Ich will, dass du deine Mutter und alles Gute um dich herum sehen kannst."

Ich fühle einen Kloß im Hals. Micha, der blinde Junge, ist auch sehr gerührt.

„Ich ... ich weiß nicht, was ich dazu ...", sagt er.

„STOPP! Du hast gerade direkt in die Kamera geguckt!", schreit

Max S wütend. „Man denkt, dass du blind bist, scheiße, und du guckst direkt in die Kamera!"

„Sorry, Mann, das habe ich nicht bemerkt, dass ..."

„Ich scheiße auf Entschuldigungen! Ich will, dass du deine verdammte Rolle gut spielst und dich nur ans Drehbuch hältst und sagst: ‚O mein Gott ... ist das wahr? Ich kann das gar nicht fassen!' Und du hättest bereits weinen müssen. Nach meiner Antwort hättest du bereits Pipi in den Augen haben sollen!"

„Ich kann nicht einfach auf Befehl weinen, Mann!"

„Solltest du aber können, Mann! Dafür bezahle ich dich!"

„Ich bin Hobbyschauspieler. Stell dir professionelle Leute ein, wenn du Tränen auf Befehl willst!"

„Ja, tolle Idee! Vielleicht auch jemanden aus einer viralen Werbung, jemanden, den das ganze Land kennt, nicht?", antwortet Max S sarkastisch.

Ich kann nicht fassen, was da gerade passiert. Ich zittere dermaßen, dass ich aus Versehen einen Mikroständer umschmeiße.

Max S schaut erschrocken nach oben – dann erscheint auf seinem Gesicht ein Lächeln.

„Alex?! Was machst du denn hier? Komm runter, lass uns reden!"

Als ich vor ihm stehe, lächelt er mich freundlich an.

„Wie hast du mich gefunden? Hast du mich verfolgt?"

„Lena hat mir gesagt, dass du hier sein wirst", antworte ich ihm. „Ich wollte meine Jahresabschlussarbeit über dich machen."

„Ach, aber sicher doch! Ich gebe dir gleich ein Interview. Muss nur fertig werden hier."

Der Junge, der bis vor ein paar Minuten blind war, steht jetzt zwei Schritte von uns entfernt, raucht und checkt sein Handy. Ich fühle eine bebende Ader an meiner Schläfe.

„Nichts war wahr bisher? Nichts?!", höre ich mich mit zitternder Stimme fragen. „Der Typ im Rollstuhl, das Mädchen mit dem Helden-Vater und alle anderen – haben alle nur Rollen gespielt? War alles nur eine fette, große Lüge?"

„Ist das wichtig?", fragt Max S mit einem ironischen Lächeln.

„Für mich ist die Wahrheit wichtig, ja!", antworte ich wütend, „Und für viele andere Menschen ist sie auch wichtig!"

„Daran sieht man, wie naiv du bist. Die Wahrheit interessiert

TIPP

Habe keine Angst vor Selbstmarketing. Menschen, die an sich glauben, wissen, dass das Investieren in ihre Ideen nicht verrückt ist. Wer nicht riskiert, der nicht gewinnt. Falls du also an dich glaubst, investiere dein Taschengeld in eine Anzeige oder drucke Flyer mit deinem Kanal und verteile sie in deiner Schule. Jemand packt garantiert zu. Und wenn nicht, mach es noch einmal.

die Leute überhaupt nicht, mein Freund. Die Menschen brauchen Geschichten, Emotionen und Entertainment."

„Du gibst ihnen keine Geschichten! Du gibst ihnen Lügen! Und all das … nur für Geld?!"

„Ist ein fairer Handel. Ich gebe ihnen Entertainment, und es ist doch normal, dafür Geld zu bekommen, oder?"

„Was würden Direktor Wagner und die anderen Professoren darüber denken?"

Max S schaut mich belustigt an. „Der arme Idiot Wagner und die anderen alten Trottel himmeln mich an. Und wer, denkst du, ist glaubwürdiger von uns? Ich, der Star der Akademie und YouTuber des Jahres, oder du, ein regelrechter Niemand im Online-Bereich?"

„Das werden wir sehen. Du kannst und darfst die Leute doch nicht derart manipulieren!"

„Mein lieber Freund, ich gebe dir einen guten Rat: Steck deine Nase nicht in alles hinein. Ich möchte ungern gezwungen sein, dich fertigzumachen, noch bevor sich wenigstens einer deinen Namen merkt. Wenn du mir keine andere Wahl lässt, werde ich das aber leider tun müssen."

Ich begreife, dass er mir ganz klar droht, aber das ist mir in diesem Moment egal. Ich verlasse die alte Fabrik, und sobald ich draußen bin, fange ich vor Wut an zu heulen. Der Mensch, den ich jahrelang so hoch geschätzt habe, ist nur ein Lügner, der sein Publikum für Ruhm und Geld manipuliert. Ich fühle mich klein und dumm, genau wie damals, als ich meinen Vater dabei gesehen habe, wie er sich im Badezimmer als Weihnachtsmann verkleidete. Aber mein Vater hat mich aus Liebe belogen. Max S liebt nur sich selbst.

Bevor ich bemerke, was ich mache, bin ich schon vor Lenas Zimmer. Ich klopfe und warte. Lena öffnet mir mit einem breiten Lächeln die Tür. Sie trägt einen lila Hoodie mit einer Einhornkapuze, und die Schnauze verdeckt ein wenig ihre Augen. Als sie meine roten Augen sieht, verschwindet ihr Lächeln umgehend.

„Was ist passiert?", fragt sie mich besorgt und nimmt ihre Kapuze ab.

Ich erzähle ihr alles – außer von Max' Drohung, denn ich will nicht noch hilfebedürftiger erscheinen. Als ich am Ende angekommen bin, fragt sie mich mit einem sehr ernsten Gesicht: „Glaubst du, dass das lustig ist?"

„Was?", frage ich verblüfft.

„Deine erfundene Story. Du machst ein Reaction Video, à la Versteckte Kamera, oder was verdammt noch mal willst du?!"

„Ich hab dir gerade die Wahrheit gesagt. Max S belügt uns seit Jahren. Er tut nichts aus Großherzigkeit, er tut das nur für …"

Lena unterbricht mich wütend.

„Ich kann nicht glauben, dass du den Mut hast, vor mir zu stehen und meinen Geliebten schlechtzureden! Den Menschen, der dir geholfen hat! Der dir seine eigene Kamera geschenkt hat!"

„O.k., das stimmt. Alle anderen besagten Großzügigkeiten sind aber gespielt! Sie sind fake! Es gibt keinen Jungen im Rollstuhl, auch kein …"

„Hör auf, bitte! Max hat mir doch gesagt, dass ich naiv bin, dass du in mich verliebt bist und mich verführen willst. Wie dumm ich war! Die ganze Zeit hast du mich nur belogen! Und ich dachte, dass du mein Freund bist …"

„Ich bin doch dein Freund! Und alles, was ich dir gesagt habe, ist wahr. Schau mal hier den Videobeweis!", sage ich ihr und reiche ihr die Kamera.

„ICH WILL NICHTS SEHEN!", schreit Lena. „Und dich auch nicht … ich will dich nie wiedersehen … NIE WIEDER!"

Sie schmeißt mich raus und schlägt die Tür zu.

Innerhalb einer Stunde habe ich mein Idol und meine beste Freundin verloren. Das dürfte der neue Weltrekord für Versager sein. Ich, der absolute Champion of Failure. Unterwegs zu meinem Zimmer denke ich darüber nach, die Akademie zu verlassen. Wie zum Teufel kann ich hierbleiben und weiterstudieren,

TIPP

Anfang und Ende – das sind zwei grundlegende Dinge, die ein richtiges Video haben sollte. Wie ein Buch oder ein Film sollten auch YouTube-Videos professionell gemacht sein. Ein Video ohne Ende ist genauso nutzlos wie ohne Anfang. Kannst du dir vorstellen, wie ein Leben ohne Ende aussehen würde?

an dem Ort, wo alle den größten Lügner unserer Generation anhimmeln? Dann denke ich an meine Mutter und meinen Vater. Sie haben so viel Geld für mich und meine YouTube-Leidenschaft ausgegeben, Kredite für meine Geräte aufgenommen, die Gebühren für die Akademie noch dazu … Ich darf ihnen so was nicht antun.

Ohne zu essen, gehe ich einfach schlafen und hoffe, dass ich mich morgen besser fühlen werde.

Aber in den nächsten Wochen wird alles immer schlimmer. Ich vermute, dass Max S irgendeinen Quatsch über mich verbreitet hat, denn alle Mitschülerinnen und -schüler meiden mich, als wäre ich mit der Pest infiziert. Auch mein Mitbewohner, der Reise-Vlogger, den ich fast nie getroffen habe, verlangt, in ein anderes Zimmer ziehen zu dürfen.

Die einzigen, die mich nicht meiden, sind Lukas und Daniel. Seit sie gerafft haben, dass ich nicht mehr unter dem Schutz von Max S stehe, heißt ihr Lieblingssport: Wie können wir Alex das Leben zur Hölle machen?

Sie haben vorsichtig angefangen, indem sie mein Passwort auf YouTube gehackt und Katzenvideos gepostet haben. Dann hackten sie mein Konto auf Facebook und trugen unter „in einer Beziehung mit" meinen Cousin Adi ein. Auf allen wichtigen Datingseiten haben sie falsche Konten für mich eröffnet, sodass ich mir bald eine neue Telefonnummer zulegen musste. Dann hackten sie den Rechner meiner Mutter und stellten nackte Babyfotos von mir auf die Internetseite unserer Akademie – in der Kategorie „Die Leistungen unserer Schüler".

Jedes mögliche Gerät, das ich in der Schule brauche, haben sie zerbrochen, zertreten oder an die Wand geworfen. Nur die Zoix 3000 nicht, das Geschenk von Max S. Ich vermute, dass sie Angst haben, dass Max sie vielleicht zurückhaben will.

Ich habe die Schule nicht aufgegeben, brauche mich aber dafür nicht mehr allzu sehr anzustrengen, weil der Vlogging-Professor, Herr Hoffmann, angekündigt hat, dass ich exmatrikuliert werde, wenn ich meinen Clip nicht bis Ende des Jahres abgebe. Und eigentlich ist es ja genau das, was sich will: Dass eine höhere Gewalt mir ermöglicht, diese Hölle auf Erden zu verlassen, zu der die Akademie für mich geworden ist.

TIPP

Den Vorbereiteten hilft das Glück und das gilt auch für YouTuber. Eine gute Vorbereitung bedeutet, dass dich nichts so leicht überraschen kann, und du wirst sehr viel selbstsicherer sein!

Für jemanden, dessen Wunsch bald in Erfüllung gehen dürfte, sollte ich ein wenig glücklicher sein – aber ich fühle mich, als hätte ich eine persönliche Wolke über meinem Kopf, die sich ständig über mir abregnet.

Der einzige Mensch, mit dem ich jetzt gerne sprechen würde, ist Lena – aber sie ist die einzige Person, die mich nie in ihrem Leben wiedersehen will. Ich wünschte, ich hätte die verdammte Fabrik nie besucht und die Wahrheit über Max S nie erfahren. Normalerweise hätte ich jetzt täglich mit Lena im hängenden Garten Mittag gegessen, mit Witzen über die Professorin für YouTube-Geschichte, Frau Müller, die während des Unterrichts regelmäßig einnickt, oder über den neuesten Clip von Lukas, dem es endlich mal gelungen ist, seine Augenbrauen in Flammen zu setzen (und damit auch die Hälfte seines Elternhauses). Dann erinnere ich mich daran, wie sie mich damals angeschaut hat, wie wütend ihre Stimme war, als sie mir sagte, dass sie mich nie wiedersehen wolle – und ich verstehe, dass der einzige Ort, an dem ich zusammen mit Lena plaudern und lachen werde, die Welt meiner Träume sein wird.

Ich habe mich bereits daran gewöhnt, mittags allein auf dem künstlichen Strand vor dem Schwimmbad zu essen. Ich weiß nicht, ob es Pech oder einfach nur ein unglücklicher Zufall ist, aber immer, wenn ich zu essen anfange, startet auch das Wellengerät und durchnässt sowohl mich als auch mein Essen. Ein intelligenterer Mensch als ich würde vielleicht einen anderen Platz zum Essen suchen. Ich gehe aber weiter jeden Tag hin, denn da sehe ich wenigstens für einige Minuten genauso aus, wie ich mich fühle: wie ein begossener Pudel.

FÜNFTES KAPITEL

Heute findet die Jahresabschlussfeier der Eliteakademie für YouTuber statt. Sehr viel lieber wäre ich bei meiner eigenen Beerdigung zu Gast. Ich muss zwei Stunden in einem Saal voller Menschen verbringen, die mich hassen, und dabei muss ich auch noch die ganze Zeit Max S auf der Bühne ertragen, da er die Veranstaltung moderiert. Ich habe irgendwo gehört, dass er auch die Preise Schüler des Jahres und Spender des Jahres erhalten hat. Ich könnte kotzen, wenn ich daran denke.

Ich sitze fast alleine in meiner Reihe – die drei Stühle rechts und links von mir sind frei. Als wäre ich wegen einer ansteckenden Krankheit in Quarantäne. Ich habe keine Ahnung, welche Stories Max S über mich verbreitet, aber sie funktionieren offenbar. Niemand spricht mit mir, niemand schaut mich an. Ich bin kein Rote-Bete-Mensch mehr, sondern einfach der Invisible Man.

Jemand tippt mir auf die Schulter, wahrscheinlich wie immer jemand, der sich über mich lustig machen will. Ich drehe mich genervt um:

„Was verdammt noch mal willst …? Ach, Herr Professor, Entschuldigung! Ich dachte, Sie wären jemand anderes."

„Alex, kennst du den Unterschied zwischen einem reichen und einem armen Diamantensucher?", fragt mich Herr Hoffmann. Das ist Stoff aus der Altsteinzeit – natürliche Diamanten werden seit

Dutzenden von Jahren nicht mehr gehandelt, um die grausamen Verhältnisse zu unterbinden, unter denen sie abgebaut wurden. Ich schüttele den Kopf.

„Ein einziger Schlag mit dem Hammer. Der Arme gab vorher auf, der Reiche machte weiter."

Ich nicke, als ob ich die Moral der Story verstünde.

„Du hast noch bis heute Abend Zeit, mir deinen Clip zu schicken. Es täte mir leid, dich zu verlieren."

Ich fühle wieder den Kloß in meinem Hals und antworte ihm so schnell wie möglich:

„Ach ja, danke Ihnen!"

Herr Hoffmann klopft mir freundlich auf die Schulter und geht weg. Die Lichter gehen aus und das Fest beginnt.

Kurz bevor es dunkel wird, sehe ich ein gelbes Kleid, das sich in den Kulissen bewegt. Lena! Ich hätte sie unter Tausenden erkannt.

„Guten Tag, meine Damen und Herren. Hallo, Kollegen!", beginnt Max S seine Rede. „In den ersten Reihen sehe ich Deutschlands YouTube-Zukunft sitzen. Ich will damit nicht sagen, dass ihr da hinten kein Potenzial habt, aber ich kann leider nicht so weit sehen."

Der ganze Saal lacht. Hätte ich früher sicher auch getan. Jetzt aber nicht mehr.

„Dreizehn von euch werden heute für ihre Arbeit in der und außerhalb der Schule ausgezeichnet. Ich habe gerechnet und festgestellt, dass ihr dreizehn zusammen in diesem Jahr 2.352 Clips produziert, 870 Liter Energydrinks getrunken, 468 Stunden geschlafen und 0,5 Bücher gelesen habt. Kleiner Witz!! Frau Professor Müller, ich weiß definitiv, dass jemand Ihr Handbuch zur Geschichte von YouTube gelesen hat – nämlich ich. Es hat mir immer sehr geholfen, wenn ich mal nicht einschlafen konnte. Eigentlich sollte man es nur in Apotheken verkaufen."

Alle im Saal jubeln. Frau Müller droht mit dem Zeigefinger, lacht jedoch mit.

„Ich habe in diesem Jahr viel gelernt an der Akademie: Wie wir besser einen Clip editieren können, wie wir unsere Diktion verbessern, wie man Vlogging macht, wie man Augenbrauen in Flammen setzt", sagt Max S und schaut Lukas an.

Wieder Jubel, alle lachen.

„Und noch etwas habe ich in diesem Jahr lernen müssen – leider. Nämlich dass der Mensch, für den man sich hätte erschießen lassen, plötzlich derjenige sein kann, der die Pistole gegen einen richtet. Ich beziehe mich hier auf jemanden, dem ich geholfen habe, als er gemobbt wurde, dem ich meine eigene Kamera geschenkt habe, als seine kaputtgegangen ist. Es ist jemand, den ich als Freund betrachtet habe. Und wisst ihr, was er getan hat? Genau dieser angebliche Freund hat versucht, Gerüchte und Unsinn über mich zu verbreiten. Und hat damit sogar bei meiner Freundin angefangen. Lasst euch nicht von ihm verführen! Spaghettification gibt vor, ein Experte für Wissenschaft zu sein – aber leider ist er nur ein Meister der Hinterhältigkeit."

Mein Herz bebt jetzt in meinen Ohren. Alle drehen sich um und schauen mich an, lachen mich aus. Einige flüstern, andere machen das Game-over-Zeichen, manche pfeifen mich sogar aus. Ich stehe auf und gehe mit wackligen Beinen in Richtung Ausgang.

„Hey, du, Spaghettification, vergiss nicht, dein Messer aus meinem Rücken rauszuziehen, bevor du in die Ferien gehst! Ich bin mir sicher, dass du es bald brauchen wirst!", ruft mir Max S von der Bühne zu, und das Publikum johlt erneut.

Ich renne fast nach draußen und lasse mich dann einfach an einer der Wände im Flur hinunterrutschen. Meine Beine sind wie

TIPP

Leider muss man Geld versteuern und das trifft auch für YouTuber zu. Wenn du also nicht für den Rest deines Lebens Videos aus einem 2 x 2 Meter großen Raum drehen willst und ein Fenster anstelle von Gittern haben möchtest, solltest du alle Einnahmen versteuern. Für weitere Informationen wende dich bitte an dein zuständiges Finanzamt. Ab dem Moment, ab dem du damit Geld machst, ist es eine Arbeit. Genauso wie jede andere auch (Behörden interessiert es nicht, dass es um Spaß geht).

Gelatine. Im Saal hört man immer noch Lachen. Aber ich werde sicher nicht den Fehler machen, die Tür zu öffnen. Nach einer gefühlten Ewigkeit habe ich den Eindruck, dass meine Beine mich wieder tragen. Ich steige die Treppen zur Galerie ganz oben über dem Saal hoch.

Als ich endlich oben bin, sehe ich Max S auf einer Seite der Bühne mit einem Pokal in der Hand stehen. Das Mikrofon hat jetzt Direktor Wagner.

„... stolz darauf, dass du unser Schüler bist! Stolz nicht nur auf deinen Online-Erfolg, sondern mehr noch auf deine herausragenden Leistungen offline: auf die Freude, die du anderen bereitest, und darauf, wie du Schicksale veränderst und Menschen inspirierst. In einer Welt, die verrückt ist nach Abonnentenzahlen, Geld und Likes, ist es gut, dass es auch Menschen wie dich gibt, Max. Menschen, die noch an das Gute, an die Empathie und an das Mitgefühl glauben. Als Zeichen der Anerkennung hat unsere Akademie speziell für dich einen Clip vorbereitet."

Auf ein Zeichen von Direktor Wagner werden die Lichter ausgeschaltet, und auf der großen Leinwand tauchen Bilder mit dem ersten Clip von Max S auf, jedoch ohne Ton. Stattdessen hört man eine Stimme aus dem Off: „Als ich klein war, war mein Lebensvorbild Max S. Max war der witzigste YouTuber in Deutschland ..." Die Bilder zeigen Max S, wie er sich fast totlacht, „...der erfolgreichste..." – jetzt folgt der Clip mit Max S, wie er seinen Diamond Play Button auspackt, „... der Hübscheste ..." – man sieht jetzt

TIPP

Verfolge die Nachrichten und sei auf dem neuesten Stand. Genau wie der Müllmann die neuesten Mülltonnen im Blick haben muss, solltest auch du eine Ahnung über die Aktualitäten in deinem Bereich haben. Wenn du feststellst, dass etwas Neues im Internet geboren wird, sei einer der Ersten, der es ausprobiert.

TIPP

Verhaspler gehören nicht ins Video. Nicht umsonst haben die meisten der erfolgreichen YouTuber einen Hang zum Schauspiel. Zum perfekten Auftritt gehört der richtige Ausdruck. Lerne, mit deiner Stimme zu arbeiten, nimm Schauspielunterricht oder lies ein Buch über Rhetorik. Wenn du schuftest, wird es sich in der Anzahl der Abonnenten bemerkbar machen.

Max S in einem Hühnerkostüm. Gelächter im ganzen Saal, ein paar Jungs pfeifen vor Bewunderung, als sich der Max S auf der Leinwand langsam umdreht und seine Federn am Hintern filzt.

„Das war aber nicht der Grund, aus dem ich mich auf seine Spuren begeben wollte. Der wahre Grund, warum Max S mein Idol war, war die Tatsache, dass er YouTube im Unterschied zu allen anderen YouTubern nicht benutzte, um berühmt zu werden, sondern um Menschen zu helfen."

Auf der Leinwand folgen jetzt Clips, in denen Max S verschiedenen Menschen hilft: Man sieht, wie er in die Tasche greift und dann einem armen Jungen ein paar Geldscheine reicht; wie er eine Decke um die Schultern eines Bettlers legt; wie er einer einsamen alten Frau einen Blumenstrauß und einen Korb mit Lebensmitteln schenkt; wie er einem armen Mädchen hilft, den neuen feinen Mantel anzuziehen, den er ihr geschenkt hat.

Die Leinwand wird für ein paar Sekunden schwarz, dann hört man wieder die Stimme: „Aber leider sind die Dinge nicht immer so, wie sie zu sein scheinen." Auf der Leinwand tauchen wieder Bilder auf, diesmal aber im Rückwärts-Modus: Max S nimmt den Mantel vom Mädchen und entfernt sich; er nimmt den Blumenstrauß und den Korb mit Lebensmitteln aus den Händen der alten einsamen Frau, die Decke von den Schultern des Bettlers, und er nimmt dem armen Jungen die Geldscheine wieder weg und steckt sie sich in die Tasche. Die Leinwand wird wieder für ein paar Momente schwarz.

„Die Wahrheit ist nicht angenehm, auch nicht einfach und leicht anzunehmen. Aber sie ist das Einzige, wofür es sich zu kämpfen lohnt“, sagt die Stimme noch – und dann sieht man Max S neben einem Jungen in einer verlassenen Fabrik stehen. Der Junge ist natürlich blind.

„Es hat mich nie gestört, dass ich den Sonnenuntergang oder das Meer nie gesehen habe oder dass ich keine Ahnung habe, was für eine Farbe die Kirschen haben. Wenn man von Geburt an blind ist, fühlt man keinen Verlust, da man sowieso keine Ahnung hat. Aber Mama, meine Mutter ist … sehr krank …“, sagt der Junge auf der Leinwand.

Im Saal hört man es mehrmals seufzen. Ich schaue mir die Leute an, als der Junge auf der Leinwand sagt, dass das Einzige, was er sehen will, das Gesicht seiner Mutter ist, bevor sie stirbt. Mehrere Tussis im Saal seufzen und wischen sich die Tränen ab. Auch die Jungs scheinen mit den Tränen zu kämpfen. Sie alle haben den Clip schon vor einigen Wochen gesehen, sind jedoch immer noch gerührt. Jetzt folgt der Teil, wo Max S ihm mitteilt, dass er ihm eine bionische Augenprothese schenken wird. Beifall von vielen im Publikum, auch wenn man zunehmend ein unsicheres Raunen vernimmt.

„STOPP! Du hast gerade direkt in die Kamera geguckt!“, schreit Max S wütend. „Man denkt, dass du blind bist, scheiße, und du guckst direkt in die Kamera!“

„Sorry, Mann, das habe ich nicht bemerkt, dass …“

„Ich scheiße auf Entschuldigungen! Ich will, dass du deine verdammte Rolle gut spielst und dich nur ans Drehbuch hältst und sagst: „O mein Gott … ist das wahr? Ich kann das gar nicht fassen!“ Und du hättest bereits weinen müssen. Nach meiner Antwort hättest du bereits Pipi in den Augen haben sollen!“, schreit Max und wirft einige Papiere auf den Boden.

Die Leute im Saal bewegen sich unruhig auf ihren Sitzen und sehen sich schockiert an. Auf der Leinwand sagt der ehemalige Blinde, dass er nicht auf Befehl weinen kann, und empfiehlt Max S, Profi-Schauspieler anzustellen. Das Gespräch geht weiter, bis man einen metallischen Klang hört.

„Alex?! Was suchst du hier? Komm runter, lass uns reden!“, sagt Max S auf der Leinwand.

TIPP

DER DREH:

Form und Inhalt bilden ein Ganzes
Die Bearbeitung deines Videos sollte mit dem Thema übereinstimmen, über das du sprichst. Und zu jedem Thema passt etwas anderes. Beauty- und Fashion-Videos werden anders aussehen als Gaming-Videos. Überlege dir im Voraus, was du drehen willst und die dazu passende Form des Drehens und der Erzählung.

Erste gescheiterte Versuche
Wenn dir mal ein Video nicht gelingt und du bereits frustriert bist, schreibe dir auf, über was diese Szene, Geschichte, der Witz wirklich sein soll. Auf was willst du hinaus, welche Geschichte willst du erzählen. Es ist definitiv besser, als die Tastatur zu schlagen und zu schimpfen, warum es genau dir nicht gelingt …

Am Anfang steht immer die Idee
Wenn du eine Idee hast, versuche sie in einem Skript zu erfassen. Das bedeutet nicht unbedingt das klassische Szenario links (Aktion) – rechts (Dialoge). Erstelle dir im Computer oder auf Papier eine Storyline, formuliere zumindest einen groben Text. Denke daran, wo (Ort), mit wem und über was du drehen willst. Du wirst sehen, dass es dir die darauffolgende Arbeit sehr vereinfacht und während dieses Prozesses sicherlich noch andere Ideen dazukommen werden. Fortgeschrittene können auch ein Storyboard erstellen.

Achte auf das Licht
Der einfachste Dreh ist natürlich an einem Ort, wo du kein Licht brauchst. Zum Beispiel tagsüber auf der Straße oder auf dem Land (im Freien). Aber auch hier kann es zu Problemen kommen. Bei extremen Lichtverhältnissen, z.B. bei Sonne direkt über dem Kopf oder Sonne im Rücken, wird zusätzliche Beleuchtung benötigt, »

um die Lichtverhältnisse auszugleichen. Für diesen Fall lohnt sich entweder eine LED-Lampe an der Kamera oder ein Reflektor. Diesen kannst du auch durch ein Stück Styropor ersetzen, das so aufgestellt wird, dass die Sonnenstrahlen in das gefilmte Gesicht reflektieren.

Innenbeleuchtung

Am einfachsten ist es, eine Lampe mit Diffusor aus Richtung der Kamera aufzustellen. Wenn du so ein Licht nicht hast, kannst du die Beleuchtung über die Decke oder die gegenüberliegende Wand reflektieren, sodass das Licht gebrochen wird. Du wirst dadurch eine besser belichtete Szene ohne große Schatten bekommen, in der du dich leicht bewegen kannst.

Wenn du fortgeschritten bist und etwas künstlerischer drehen willst, ist es gut, das Licht von der Seite aufzustellen, um Lichtverhältnisse auf das Gesicht zu bekommen. Es sieht besser aus und wirkt natürlicher. Du kannst auch noch ein weiteres Licht hinter die gefilmte Person aufstellen. Dies wird als Kontra bezeichnet und betont die Haarkontur.

Im Allgemeinen gilt, je mehr du leuchtest, desto effektiver die Szene. Gleichzeitig wird sie aber unnatürlicher und man kann viele Fehler machen, daher ist es ratsam:

Verwende natürliche Lichtquellen.

Ist in der Drehumgebung ein Fenster? Baue die Szene so, dass sie natürlich belichtet wird. Verwende Lampen, Kronleuchter. Du kannst auch eine Taschenlampe verwenden, wenn es im Einklang mit deiner kreativen Absicht ist. Es ist gut, wenn diese natürliche Lichtquelle dann aber auch im Bild zu sehen ist.

Ein so aufgestelltes Szenenbild kann durch eine halbprofessionelle LED-Lampe mit einem Stativ ergänzt werden, um die Lichtstärke auszugleichen.

TIPP

Jetzt tauche ich auf der Leinwand auf und jemand im Saal schreit: „Aaachh!“ Dann monumentale Stille.

„Nichts war wahr bisher? Nichts?!“, höre ich mich mit zitternder Stimme fragen. „Der Typ im Rollstuhl, das Mädchen mit dem Helden-Vater und alle anderen – haben alle nur Rollen gespielt? War alles nur eine fette, große Lüge?“

„Ist das wichtig?“, fragt Max S mit einem ironischen Lächeln.

„Für mich ist die Wahrheit wichtig, ja!“, antworte ich wütend. „Und für viele andere Menschen ist sie auch wichtig!“

„Daran sieht man, wie naiv du bist. Die Wahrheit interessiert die Leute überhaupt nicht, mein Freund. Die Menschen brauchen Geschichten, Emotionen und Entertainment.“

Im Saal flüstern die Leute. Einige kommentieren es im Schock auch laut.

Man hört mich fragen: „Was würden Direktor Wagner und die anderen Professoren darüber denken?“ Und man hört auch seine Antwort: „Der arme Idiot Wagner und die anderen alten Trottel himmeln mich an. Und wer, denkst du, ist glaubwürdiger von uns? Ich, der Star der Akademie und YouTuber des Jahres, oder du, ein regelrechter Niemand im Online-Bereich?“

Der Clip endet damit, dass Max S mir droht, dass er mich fertigmachen wird. Dann eine weitere Mischung von Clips, in denen die Darsteller der Menschen, denen Max S angeblich geholfen hat, sich für die Lügen entschuldigen. Die Leinwand wird wieder schwarz, und man hört meine Stimme: „Max S ist nicht mehr mein Lebensvorbild. Ich habe jemanden Neues: mich selbst“.

Ich habe über einen Monat gebraucht, um alle Amateurschauspieler zu finden, die Max benutzt hatte. Weitere zwei Wochen hat es gedauert, den Clip zu editieren – und noch eine Woche, um zu lernen, wie ich den Server der Akademie hacken und die Clips austauschen kann. Jetzt weiß ich: Jede einzelne Sekunde hat sich gelohnt.

Im Saal gibt es wieder Licht. Ein wenig Beifall, mehr Buhrufe. Max S steht total fassungslos auf der Bühne, den Preis für den Spender des Jahres noch in der Hand. Direktor Wagner nimmt das Mikrofon und ist ganz blass im Gesicht.

„Maximilian Schulz, du bist die heftigste Enttäuschung meiner ganzen akademischen Laufbahn! Und die ist sehr lang. Weil du den Code für Ehre und Integrität unserer Akademie verletzt hast, wirst du jetzt gleich und unwiderruflich exmatrikuliert! Ich bitte dich, das Hochschulgelände sofort zu verlassen!"

Max S steigt von der Bühne und geht wie erstarrt an den Zuschauern vorbei, die ihn voller Verachtung ansehen. Ich verlasse die Galerie und gehe zurück in den großen Saal. Hier kommt es mir so vor, als sei ich in einem parallelen Universum gelandet: Die Leute, die sich vor einer halben Stunde noch über mich lustig gemacht und mich ausgepfiffen haben, reichen mir jetzt ihre Hände und spenden mir Beifall. Ich bahne mir einen Weg, ohne die Gratulationen zu beantworten. Ich suche Lena. Im Saal kann ich sie nicht finden, also gehe ich hinter die Kulissen.

Unterwegs treffe ich Professor Hoffmann.

„Ich lag falsch, Junge!", sagt er mir. „Du bist kein Diamantensucher, du bist ein Diamant. Wir sehen uns im Herbst! Übrigens, sag deinen Eltern, dass sie keine Gebühren mehr bezahlen müssen – ab dem nächsten Jahr wirst du ein volles Stipendium haben!"

Er schüttelt mir intensiv die Hand, ich versuche, einige Dankesworte zu finden, dann entfernt er sich lächelnd. Hinter den Kulissen versuche ich meine Augen an die Dunkelheit anzupassen, um Lena zu finden. Nach einer Weile bemerke ich das gelbe Kleid hinter einem Stapel von Stühlen versteckt.

„Lena?"

Sie antwortet nicht, also gehe ich näher heran. Sie ist in sich zusammengekrümmt, und ihr ganzer Körper zittert vom Weinen.

Ich setze mich neben sie und tippe ihr leicht auf die Schulter. Sie dreht sich zu mir um und ich sehe ihr Gesicht voller Tränen. Sie weint weiter und versucht minutenlang genervt, die Tränen wegzuwischen. Endlich sagt sie zu mir:

„Als ich klein war, hatte ich einen Hund mit Namen Bello. Bello wurde einmal krank, und meine Eltern haben ihn zum Arzt gebracht. Wir haben uns entschieden, dass meine Eltern ihn auf einen Bauernhof bringen, wo er mehr Freiraum hatte und wieder gesund werden konnte. Wir wählten den Bauernhof mit dem Namen „Das Paradies der Tiere", wo es auch eine Menge anderer Tiere gab: Hunde, Katzen, Kühe, Ziegen, Pferde, einfach alles. Dann wurde auch unsere Katze Lola krank. Wir haben auch sie auf den Bauernhof geschickt. Erst neulich habe ich erfahren, dass

TIPP

Wenn du schon etwas erfolgreicher bist und ein bisschen extra Geld brauchst, könnte dir Merchandising helfen, sprich der Verkauf von deinen eigenen Werbeartikeln.

es keinen Bauernhof mit dem Namen „Paradies der Tiere" gibt und dass meine Eltern Bello und Lola damals haben einschläfern lassen!", sagt sie und fängt wieder an zu weinen.

„Ist doch normal, dass du das nicht wusstest. Du warst klein", versuche ich sie zu trösten.

„Alex, bis ich 16 wurde, habe ich wirklich gedacht, dass es in Deutschland einen Bauernhof gibt, wo alle kranken Tiere wieder gesund und frei werden!", schreit Lena.

Sie ist so süß und unschuldig in ihrem Zorn, dass ich sie fast umarmen könnte.

„Ich bin die größte Idiotin der Welt!"

„Du bist nur naiv", sage ich ihr, „Das ist nicht unbedingt was Schlimmes."

„Kein Wunder, dass Max mich ausgewählt hat! Ich war das perfekte Opfer! Ich habe ihm alles geglaubt, alle Lügen, alles, wie eine Dumme!"

„Lena, du warst nicht die Einzige. Ein ganzes Land hat es für wahr gehalten!"

„Du aber nicht", sagt sie, und das erste Mal schaut sie mir in die Augen. „Du bist zu mir gekommen, hast versucht, es mir zu erklären und ... was habe ich getan? Ich hab dich hysterisch angeschrien."

„Ich denke, es wäre eigentlich komisch gewesen, wenn du mir geglaubt hättest. Wusstest du, dass das, was im Gehirn passiert, wenn man verliebt ist, irgendeiner psychischen Krankheit ähnelt? Der Mandelkern und der Frontalkortex reduzieren ihre Leistung. Der Mandelkern steht für Angst und dafür, aus Fehlern zu lernen, der Frontalkortex für Analyse- und Urteilsprozesse. Deswegen können verliebte Menschen, genauso wie psychisch Kranke, Sachen nicht klar und richtig einschätzen."

„Nennst du mich jetzt psychisch krank?"

„Neeein! Ich wollte nur … wollte nur sagen, dass …"

Lena lächelt. Es ist das erste Mal heute, dass ich sie lächeln sehe.

„Ich scherze, Alex. Ich mag es, wenn du so rot im Gesicht wirst. Du bist so lieb! Und … ich möchte mich entschuldigen. Für alles, was ich dir damals gesagt habe. Für mein Benehmen in den letzten Wochen und für alle Mittagspausen, in denen ich dich auf dem Strand nass gemacht habe."

„Warte … was? Du warst das?", frage ich schockiert.

„Natürlich! Ich hab mir gesagt, wenn du meine Mittagspausen ruiniert hast, dann sollst du auch deine nicht genießen! Dachtest du etwa, dass sich das Wellengerät von alleine eingeschaltet hat?", lacht sie.

Ich lache auch und merke, was für ein Idiot ich war. Dann schlägt mein Herz immer heftiger. Ich spreche sehr schnell, um den Mut nicht zu verlieren. „Max hat nicht nur gelogen."

„Was meinst du?", fragt sie.

„Er hat ja mal gesagt, ich könne froh sein, dass er nicht eifersüchtig sei. Und … ich bin in dich verliebt. Seit dem ersten Mal, als ich dich an dem Abend im Sommercamp gesehen habe. Ich denke, dass du sehr intelligent und sehr hübsch bist. Mit hübsch will ich eigentlich sagen, dass du das schönste Mädchen auf der Welt bist. Und unglaublich süß, wie du so kaltblütig die dreiköpfigen Monster in den Spielen tötest und dabei in Wirklichkeit aufpasst, dass du auf dem Gehweg keine Ameise zertrittst. Deine Naivität zwingt mich, dich irgendwie zu schützen, obwohl ich mir sicher bin, dass ich eher deinen Schutz brauchen würde, wenn wir in Gefahr wären. Und es tut mir leid und weh, dass ich dich mit dem Clip verletzt habe, weil in Wirklichkeit alles, was ich will, nur du …"

Ich beende meinen Satz nicht, weil Lena zu mir kommt und mich küsst. In dem Augenblick stoppt das ganze Universum: Die Flugzeuge, die Bälle, die Vögel bleiben in der Luft stehen, auch die Menschen auf den Straßen bewegen sich nicht, der Regen, die Flüsse und der Kaffee, alles bleibt stehen und fließt nicht mehr. Es ist nicht mein erster Kuss, aber als ich ihren süßen Atem spüre, verstehe ich, dass alle bisherigen Küsse komplett falsch waren. Ich schmecke wahrscheinlich nach dem Omelett vom Frühstück, aber das ist mir ganz und gar egal. Wir küssen uns, als ob unsere

TIPP

POSTPRODUKTION:

Vorschaubilder

Unterschätz die Vorschaubilder, auch Thumbnails genannt, nicht, denn sie sind mit das Wichtigste, das entscheidet, ob ein Zuschauer auf dein Video klickt oder nicht. Je schöner und verlockender das Thumbnail für dein Video ist, desto höher stehen die Chancen, dass der Zuschauer als nächstes Video zum Angucken deins wählt. Das Vorschaubild sollte scharf sein, kontrastreich, bunt und, falls es Text enthält, sollte dieser groß und lesbar sein. Du kannst auch dein Logo einfügen, damit man gleich besser erkennen kann, von wem und über wen das Video ist. Benutze eher Details (wie Gesicht, Hand) als Totalen (sprich die ganze Person und zu viel Platz drum herum). Achte auch darauf, wie das von dir gewählte Bild auf deinem Handy bzw. in mobiler Ansicht aussieht. Handys und Tablets können es nämlich anders anzeigen, sie können anders abgeschnitten sein oder der Text ist nicht lesbar.

Titel des Videos

Der Titel des Videos sollte so nah wie möglich am Inhalt deines Videos liegen. Füge am Anfang an erster Stelle ein bestimmtes Wort für das Video ein und erst dann den Namen der Serie oder deines Kanals. Versuche den Titel so interessant und verlockend wie möglich zu machen, aber übertreibe es nicht, damit er nicht unwahr wird. Dies wäre eine Verletzung der YouTube-Bedingungen und ändert auch an der gesamten Watchtime nicht viel.

Videobeschreibung

In den ersten zwei bis drei Zeilen der Videobeschreibung solltest du unbedingt schreiben, um was es in dem Video geht, warum man es sich angucken sollte. Wie beim Titel, ist es auch hier besser, ein bestimmtes Wort am Anfang zu schreiben und erst danach » *allgemeinere Begriffe zu verwenden. Wenn du das Video in diesen Zeilen beschrieben hast, kannst du darunter weitere Links zu anderen Videos in der Playlist deines Kanals oder deiner Serie posten und für genau diese Playlist einen Abonnieren-Link setzen. Facebook-, Instagram- und andere Links immer erst danach setzen. YouTube zeigt nämlich bei der Sucheingabe oder bei den Empfehlungen immer erst die Videos, die an erster Stelle Links verwenden, die zu ihren eigenen Plattformen weiterleiten. Finde dann dein Video in der YouTube-Suche und schaue dir an, wie die Miniaturansicht, der Videotitel und die Beschreibung aussehen. Überlege dir auch, ob du auf ein solches Video klicken würdest und ob es dir auf den ersten Blick interessant vorkommt.*

Tags

Nutze so viele Tags oder Schlüsselwörter, wie du darfst, aber Vorsicht, ihre Anzahl ist begrenzt. Diese Schlüsselwörter sind für den normalen YouTube-Benutzer auf der Videoseite nicht sichtbar, aber du kannst damit dem YouTube-Mechanismus in nur wenigen Worten und Wortkombinationen sagen, worum es in deinem Video geht. Auch hier gilt die Regel: Konkrete Tags stehen am Anfang und die allgemeineren danach. Angefangen mit zum Beispiel den Namen der Teilnehmer, der benutzten Produkte, Orte, Themen und dann erst Tags wie Musik, Unterhaltung oder Reisen. Je mehr Infos du zur Verfügung stellst, desto größer die Chancen, dass dein Video als empfohlenes Video nach einem anderen ähnlichen Video auf einem fremden Kanal erscheint. Und wenn du ein schönes Thumbnail-Bild und einen guten Titel hast, hast du auch gute Karten, dass der Betrachter auf dein Video klickt. Verwende keine irreführenden und unwahren Tags, das ist verboten und wird dir eh nicht weiterhelfen. Der Betrachter gelangt zwar zu deinem Video, aber er ist auch genauso schnell wieder weg, weil es nicht das ist, wonach er gesucht hat.

TIPP

Leben davon abhängen würden. Als wir uns endlich ein paar Zentimeter voneinander entfernen, lächelt Lena.

„Ich glaube, ich habe was gespürt", sagt sie.

Ich spüre, wie ich wieder rot bis zum Haaransatz werde, aber glücklicherweise fährt sie gleich fort:

„Die Anziehungskräfte, worüber du geredet hast? Wenn man sehr nah aneinander ist? Deine Atome üben genauso viel Anziehungskraft auf meine aus, wie die Sonne auf uns ausübt, oder?"

Anstatt einer Antwort lächle ich und küsse sie wieder. Ich denke nicht, dass die Erde noch irgendeine Anziehungskraft auf mich ausübt, weil ich mich fühle, als würde ich schweben.

SECHSTES KAPITEL

Das letzte Mädchen, von dem ich meinen Eltern erzählt habe, war Sarah Weber. Das war im Kindergarten und ich mochte sie. Zehn Jahre später fragten sie mich immer noch, was mit ihr sei. Wie alle Eltern, die irgendetwas über ihr Kind erfahren, müssen sie immer wieder darauf rumhacken, egal wie bedeutungslos und wie lange her es ist. Deswegen habe ich seitdem nie wieder von einem Mädchen erzählt. Aber bei Lena werde ich eine Ausnahme machen. Denn es wäre bestimmt komisch für sie, sie in meinem Zimmer zu sehen, ohne zu wissen, wer sie eigentlich ist. Und ich bin mir sicher, dass sie sehr oft in meinem Zimmer sein wird.

Seit gestern Abend, als wir uns das erste Mal geküsst haben, grinse ich wie ein Honigkuchenpferd. Ich sehe vermutlich aus, als hätte ich mit einem Kleiderbügel im Mund geschlafen. Ich habe ihr versprochen, dass ich noch mal vorbeikommen werde, bevor sie um 12 Uhr nach Hause fährt. Es ist erst 9, ich warte allerdings schon seit 7 Uhr auf eine einigermaßen normale Uhrzeit, sodass ich nicht wie der verzweifeltste Mensch auf Erden wirke.

Im Flur sehe ich neben ihrer Tür eine Menge Gepäck gestapelt. Ich nähere mich langsam und vorsichtig, weil ich sie überraschen will. Es scheint aber, dass das Universum doch eher mir eine Überraschung bereiten will, denn als ich an der Tür bin, sehe ich niemand anderen als Max S, der ihr mit den Sachen hilft. Er sieht mich nicht, sie schon, und ihre Augen werden groß vor Angst. Ich sage nichts, drehe mich um und gehe so schnell wie möglich weg. Hinter mir höre ich Schritte, gehe aber weiter.

„Alex!", schreit Lena hinter mir. Ich laufe weiter. „Alex, warte, bitte! Lass mich doch erklären!"

Ich gehe die Treppen runter, ich laufe, dann mache ich plötzlich halt. Lena steht direkt vor mir und atmet schwer.

„O.k.", sage ich, „es gibt zwei Varianten:

Variante eins: Ich habe eine Kopfverletzung und deshalb den gestrigen Tag geträumt.

Variante zwei: Ich habe eine Kopfverletzung und deshalb den gestrigen Tag geträumt."

„Ich weiß nicht, ob du dich am Kopf verletzt hast, aber gestern gab es doch. Es war der schlimmste Tag meines Lebens", sagt sie.

„Und … dann? Was sucht der hier?!", frage ich und fühle wieder eine Ader an meiner Schläfe pulsieren.

„Er kam gestern Abend zu mir. Alex, ich habe ihn nie in meinem Leben so am Boden gesehen! Er wiederholte wie ein Verrückter, dass es ihm leid tut, dass er falsch war, dass er ein großer Lügner ist, dass er ein Nichtsnutz ist und sein ganzes Leben zugrunde gerichtet hat. Millionen von Menschen haben seinen Kanal verlassen. Er hat fast keine Abonnenten mehr. Er hat die Diamond und Golden Buttons verloren. Aber das war es nicht, worüber er deprimiert war. Es tut ihm leid, dass er alle belogen hat. Er hat verstanden, was er uns allen angetan hat."

„Oje, mein Herz bricht", sage ich trocken, „Du hast aber meine Frage nicht beantwortet: Was sucht er hier?"

Lena schaut einige Sekunden auf den Boden, dann antwortet sie:

„Ich weiß, dass ich bisher zu naiv war und dass ich mich ändern muss. Max war aber nicht der Einzige, der von unserer Beziehung profitiert hat. Dank der Beziehung mit ihm habe ich jede Menge Abonnenten bekommen, ich habe an vielen Kampagnen teilgenommen … Ich kann ihn nicht einfach in der schlimmsten Zeit seines Lebens verlassen, als ob zwischen uns nichts gewesen wäre."

„Und was ist mit uns?", frage ich sie und fühle meinen Magen schrumpfen. „War gestern Abend nur ein Flirt für dich?"

„Nein! Auf keinen Fall! Gestern Abend habe ich verstanden, dass ich seit Langem in dich verliebt bin. Ich wollte das nicht wahrhaben, mir selbst nicht eingestehen, weil ich mich schuldig gegenüber Max fühlte. Es ist aber wahr."

„O.k., jetzt bin ich total verwirrt", sage ich zu ihr, „Wenn du in mich verliebt bist, warum ist dann Max hier, warum hilft er dir mit deinem Gepäck und nicht ich?"

„Weil er mich gebeten hat, ihm eine zweite Chance zu geben und ihm zu helfen, sich zu ändern. Und ich fühle mich verantwortlich, weil er mir auch geholfen hat. Ich könnte mich selbst nicht ausstehen, wenn ich einen deprimierten, einsamen Menschen im Stich lassen würde."

„Aber einen Menschen, der in dich verliebt ist, kannst du ruhig im Stich lassen oder was?", erwidere ich bitter.

„Du hast keine Ahnung, wie leid es mir tut, Alex …“

„Das scheint ja leider nicht zu genügen!“

Ich merke, dass ich mich wie ein Arschloch benehme. Aber leider ist Sarkasmus gerade meine einzige Chance, um nicht tränenüberströmt vor ihr zusammenzubrechen.

„Ich wollte dich nie verletzen!“, fährt Lena fort, meine Antwort irgendwie ignorierend. „Ich weiß aber, dass du o.k. sein wirst, Alex. Eigentlich nicht nur, dass du o.k. sein wirst, sondern dir wird es unglaublich gut gehen! Ich weiß nicht, ob du es inzwischen erfahren hast, aber dein Clip von gestern ist viral geworden. Du hast jetzt Dutzende, vielleicht auch Tausende Abonnenten mehr. Die Menschen schenken dir thumbs up und schreiben dir Kommentare auch bei den älteren Clips. Jetzt, wo die Leute dich entdeckt haben, wird sich dein Leben total verändern.“

Ich würde ihr jetzt gerne sagen: „Stimmt – jetzt, da ich dich verlieren werde, wird mein Leben total anders sein“, entscheide mich aber doch im letzten Moment um, um noch ein bisschen Würde zu bewahren.

„O.k. … also sollten wir uns jetzt schöne Ferien wünschen und Tschüss sagen, nicht?“, frage ich sie und fühle, wie mein Magen sich wieder schmerzhaft zusammenkrampft. „Mmmh … tja … Ist aber doch nur ein Auf Wiedersehen, kein Auf Nimmerwiedersehen, oder? Wir bleiben Freunde?“, sagt sie und schaut mich hoffnungsvoll an.

„Klar!“, lüge ich lächelnd.

Ich weiß, dass auch aus dem Körper herausgenommene Herzen weiter schlagen, wenn sie über genügend Sauerstoff verfügen. Ich denke aber, dass mein Herz jetzt bereits zu lange ohne Sauerstoff ist und gerade vor die Hunde geht. Ich schaue Lena noch einmal an und versuche mir jeden Gesichtszug fotografisch einzuprägen. Dann lächle ich sie an, winke und gehe weg.

„Alex!“, ruft sie.

Ich drehe mich um und sie umarmt mich so heftig, dass ich fast das Gleichgewicht verliere. Wir bleiben einige Sekunden so stehen, bis die Herzen sich synchronisieren (ich weiß, dass das Herz einer Frau schneller schlägt als das eines Mannes, aber wenigstens dieses eine Mal will ich die Wissenschaft vergessen), dann trennen wir uns, ohne noch etwas zu sagen.

Unterwegs zu meinem Zimmer schalte ich mein Handy ein und checke meinen Kanal auf YouTube. Lena hatte recht. Seit gestern Nacht sind es über 100.000 Abonnenten mehr auf meinem Channel, das reicht schon für einen Silver Button. Vor einem Jahr hätte ich vor Glück auf der Straße getanzt.

Vielleicht bin ich jetzt nicht mehr so naiv. Jetzt verstehe ich, dass alle meine YouTube-Träume in Erfüllung gehen werden – aber auch, dass viel Arbeit vor mir liegt. Mein Großvater hatte recht: „Den Menschen, der nie aufgibt, kann man gar nicht bekämpfen." Das ist genau das, was ich tun werde: Nie aufgeben, nie, egal wie schwer es für mich sein wird.

„Aaach … Entschuldigung! Alex?", höre ich eine Stimme.

Vor mir steht ein Mädchen mit lila Haaren. Sie trägt ein T-Shirt mit der Aufschrift „Q: What element is a girl's future best friend? A: Carbon". Sie ist keine Mitschülerin von mir, war aber wahrscheinlich gestern bei der Abschlussfeier.

„Ja?", sage ich müde. „Kennen wir uns?"

„Mhmmm … nein", sagt sie und wird plötzlich rot im Gesicht. „Ich bin nur ein Fan von dir."

„Wow", denke ich, „du kennst mich seit etwas weniger als 24 Stunden und bist bereits Fan."

„Ich habe deinen YouTube-Kanal vor einem Jahr entdeckt, als du den Clip über Déjà-vus gepostet hast", fährt sie fort. „Bis zu deinem Clip dachte ich, dass Déjà-vus romantisch sind. Von dir habe ich erfahren, dass es eigentlich um eine neurologische Abartigkeit geht. Danke, dass du die ganze Magie ruiniert hast!", sagt sie und lacht.

„Hm – gern geschehen?", sage ich lächelnd. „Betreibst du auch einen Wissenschaftskanal?"

„Nein, ich habe einen für Beauty und Make-up."

„Cool!", antworte ich, weil ich nichts anders zu erwidern weiß.

„Ich scherze natürlich! Es geht um Parodien. Stell dir das mal vor … ich und ein Beauty Channel! Schau mich doch mal an!", lacht sie.

„Das tue ich gerade", sage ich grinsend. Wir werden plötzlich beide rot im Gesicht. „Hmm … ja, das wollte ich dir sagen", sagt sie schließlich. „Dass ich deinen Kanal sehr schätze. Ich wollte dich gestern bei der Party finden, konnte aber leider nicht mehr hin.

Kleiner Tipp: Mexikanisches Essen geht nie mit Milch."

„Notiert", sage ich lächelnd.

„O.k., super! Dann ... schöne Ferien", sagt sie und will gerade gehen.

„Bleib doch noch ein wenig! Wie war noch mal dein Name?", frage ich.

„Anna", antwortet sie lächelnd.

„Anna und?"

„Anna und Schäfer", lacht sie.

„Anna und Schäfer, es hat mich gefreut, dich kennenzulernen!", sage ich und reiche ihr die Hand.

„Mich auch!"

Wir entfernen uns nur einige Schritte, als ich die Stimme meines Großvaters höre: „Wenn du nicht jeden Tag von irgendjemandem abgewiesen wirst, dann heißt das, dass du nicht ehrgeizig genug bist".

„Anna und Schäfer?", rufe ich.

Sie dreht sich mit einem Lächeln um.

„Was würdest du sagen, wenn ich dich auf einen Saft einladen würde?"

„Lädst du mich ein oder fragst du nur hypothetisch?", lächelt sie.

Ich werde so rot wie ein Krebs.

„Anna und Schäfer, gehst du mit mir einen Saft trinken?"

„Jetzt erlebe ich ein Déjà-vu!", sagt sie und grinst.

„Ich beginne zu glauben, dass du recht hast", sage ich.

„Wieso?"

„Es hat doch was mit Romantik zu tun", sage ich und wir schauen uns mit aller Doppeldeutigkeit der Welt lächelnd an.

Jetzt sind wir beide so rot im Gesicht wie zwei Krebse. Vielleicht, aber nur vielleicht, hat der Rote-Bete-Mann endlich seine Rote-Bete-Frau getroffen.

Willst du „Hype“ und auch zu
den YouTube-Sternen fliegen?
Dann drehe dein erstes Unboxing-
Video mit diesem Buch.
Wir werden dein Video ansehen,
und das beste wird geteilt!

TORGE

TORGE

Steckbrief

Bürgerlicher Name: Torge Oelrich
Spitzname: Torch
Alter: 28
Geburtsdatum: 11.09.1988
Sternzeichen: Jungfrau
Geburtsort: Heide
Aktueller Wohnort: Wesselburen
Körpergröße: 1,92 m

YouTube-Kanal: Freshtorge
Welche Art von YouTuber bin ich: Comedy/Entertainment
Name der Fans: Untertanen :) ha, ne, ich habe keinen Namen für meine Follower
Anzahl der Fans auf Facebook: 500.000
Anzahl der Fans auf Twitter: 300.000
Anzahl der Fans auf Instagram: 500.000

Geschwister: 2
So beschreibe ich mich selbst: puuhh hmmm … Ich würde sagen, ich bin verständnisvoll, ein guter Zuhörer, empathisch … manchmal sehr nachdenklich, manchmal sehr laut, manchmal sehr leise … :)

Lieblingsfilme: The dark knight
Lieblingsbücher: TV Spielfilm
Lieblingsserien: Breaking Bad, Homeland, House of Cards
Lieblingsmusik: Electronic Dance Music – Hardwell, Armin van Buuren
Lieblingsfarbe: Lila
Lieblingsjahreszeit: Ich liebe ALLE Jahreszeiten

Glückszahl: 0, damit kann man in Mathe nicht so viel falsch machen

Meine liebste Kleidung: Jogginghose

Diesen YouTuber finde ich am besten: Die Twins von World Wide Wohnzimmer

Das esse ich am liebsten: Lasagne

Dieses Essen mag ich nicht: Spinat

Lieblingsfach in der Schule: Musik, Englisch

Unbeliebtestes Fach in der Schule: MATHE, BÄÄÄHHH!!!!

Lieblingssportart: Fußball

Wann habe ich meinen ersten Kuss bekommen: Da war ich 16 … und ich habe SIE geküsst :)

Mit wem würde ich gerne ein Video drehen: Hape Kerkeling

Welche Eigenschaft beschreibt meine Persönlichkeit: fürsorglich … und ich bin nett

Davor habe ich Angst: Krankheit

Mein großer Lebenstraum: einen eigenen Pool haben :)

Torge, wo bist du geboren und aufgewachsen?
Ich bin in Heide geboren, das ist in Dithmarschen an der Westküste. Später bin ich dann nach Wesselburen gezogen. Dort bin ich aufgewachsen und habe bis jetzt auch noch nie woanders gelebt.

Also bist du voll und ganz zufrieden damit, wo du jetzt lebst?
Total, es ist echt das pure Glück hier. Es wohnen knapp 3000 Leute in Wesselburen und es ist alles sehr entspannt. Die Leute kannten mich schon immer und es ist eben auch nichts Besonderes, wenn ich hier herumlaufe. Man hat hier auf dem Dorf echt seine Ruhe.

Es ist ja etwas komplett anderes als in der Stadt. Denkst du, dass du durch dein Leben auf dem Dorf gewisse Vorteile hast?
Das Leben auf dem Dorf hat Vor- und Nachteile. Der Vorteil ist einfach, dass du hier in Wesselburen außerhalb der Saison sehr gut entspannen kannst, es ist total ruhig und mich erkennt hier auch keiner. Es ist sehr leise und man kann hier zur Ruhe kommen. Ich kann hier auch sehr gut kreativ arbeiten, was super ist. Der Nachteil ist aber eben, dass hier kein Mensch ist, mit dem man selber mal YouTube-Videos machen könnte, selbst in Hamburg gibt es mittlerweile recht wenige YouTuber. Viele sind in Berlin oder Köln. Das ist halt so der Nachteil, aber die Vorteile überwiegen.

Du hast eine Schwester. Genießt die auch das Landleben?
Nein, meine Schwester Nane ist 26 Jahre alt und wohnt in Hamburg. Darin ist sie komplett anders als ich, sie will die Stadt und die vielen Menschen.

Warst du eher ein ruhiger Schüler oder ein Rebell?
Ich habe direkt gegenüber von der Grundschule gewohnt. Fünf Minuten vorm Stundenklingeln war ich aber komischerweise trotzdem immer der Letzte im Klassenraum. Wenn ich mal mein Pausenbrot vergessen habe, dann konnte ich heimlich schnell in der Pause rüber rennen und mir was holen.

Ein ruhiger Schüler war ich nicht wirklich, ich habe schon viele Witze gemacht und konnte gerade in der Grundschulzeit nicht so wirklich trennen, ab wann es ernst ist. Das hat mir in der Grundschule viele Probleme bereitet. Meine Noten haben gerade in der Zeit sehr darunter gelitten und auch die Lehrer waren da nicht so gut auf mich zu sprechen. Die Lehrer fanden mich zwar sympathisch und mochten mich, aber ich habe halt echt genervt. Dann habe ich auch direkt eine Hauptschulempfehlung bekommen, wovon meine Eltern nicht so begeistert waren. Meine Eltern haben auch immer gesagt: „Komm, versuch doch mal die Realschule, vielleicht klappt es ja." Ich habe es dann auch geschafft. In der 5. und 6. Klasse hat sich das Ganze dann aber sehr zum Positiven gewendet, sodass ich dann auch gut aufgepasst habe und eigentlich auch ein ganz guter Schüler war. Letztendlich habe ich dann auch einen guten Abschluss gemacht. Es war nicht so, dass ich die Lehrer geärgert habe, sondern ich war halt immer albern, habe Witze gemacht und dachte mir, wenn ich jetzt was sage, dann ist das meine Bühne. Und deshalb musste ich dann immer irgendwelchen Quatsch machen.

Wie hat das mit dem Videodrehen bei dir letztendlich begonnen?
Das war reiner Zufall. Ich habe sonst eigentlich immer eher für Freunde gefilmt, wenn wir unterwegs oder auf Partys waren. Damals gab es ja auch noch keine Kamera im Handy. Ich habe das dann eben immer mit einer extra Kamera gefilmt und anschließend geschnitten. Irgendwann habe ich nach einer anderen Möglichkeit gesucht, als die Videos immer auf CDs zu brennen. Ich habe etwas gesucht, um meine Videos im Internet hochzuladen, und dann war da diese Seite: YouTube.

Das war 2006, da kannte noch niemand YouTube. Ich habe einfach mal einen Sketch dort hochgeladen, und meine Freunde haben sich das dann angeschaut. Eigentlich hatte ich nur damit angefangen, um meine Freunde damit zu unterhalten. Doch nach und nach habe ich verstanden, dass sich mehrere Leute meine Videos anschauen können und wollen. So ging es los.

Hat sich deine Karriere eher langsam entwickelt oder ging alles sehr schnell?

Ganz, ganz langsam ... Das ist damals halt ganz anders gewesen als heute. Heute kannst du sehr schnell auf YouTube bekannt werden. Entweder du wirst gar nicht bekannt, was bei den meisten so ist, oder du wirst sehr schnell bekannt. Damals war es so, dass ich mir das bei YouTube über elf Jahre hinweg langsam aufgebaut habe. Ich bin froh, dass ich nicht einer dieser Fälle bin, die über Nacht berühmt geworden sind, sondern dass ich mich gut daran gewöhnen konnte. Es hat sich alles langsam entwickelt, es steckte keine Geschäftsidee dahinter und ich hätte auch nie gedacht, dass ich einmal mit YouTube mein Geld verdienen würde und sich Tausende von Menschen meine Videos angucken.

Fühlst du Verantwortungsbewusstsein in dir, wenn du weißt, dass du so viele Zuschauer hast?

Es gibt viele YouTuber, die sagen: „Ich will keine Vorbildfunktion haben!“ Aber ab dem Moment, in dem du Videos hochlädst und du ein erwachsener Mensch bist, der weiß, die Videos gucken sich auch viele Kids an, hast du automatisch eine Vorbildfunktion und somit auch eine super große Verantwortung. Ich lege da auch viel Wert drauf. Klar mache ich in manchen Videos Witze, die auch mal unter die Gürtellinie gehen, aber ich versuche immer eine gewisse Message rüberzubringen, die Respekt und Toleranz beinhaltet. Dies unterstütze ich auch viel auf meinen Social-Media-Kanälen wie Twitter und Instagram, damit meine Zuschauer auch merken, dass mir das wichtig ist.

Hast du das Gefühl, deine Popularität geht konstant bergauf, oder bewegst du dich immer auf demselben Level?

Ich weiß noch, als ich angefangen habe, so wirklich erfolgreich zu sein, da habe ich gedacht: „Okay, wenn du jetzt die Rolle von Sandra so ein, vielleicht auch zwei Jahre machen könntest, dann ist das cool, dann bist du irgendwann 18 und ein erwachsener Mann und es kann keiner mehr darüber lachen.“ Jetzt bin ich 28 und breche immer wieder neue Klickrekorde. Da merke ich dann immer, wie krass beliebt dieses Videoformat ist, und das erstaunt mich selber immer wieder.

Welche Formate findet man so auf deinem Channel und welche davon sind sehr beliebt?
Formate an sich habe ich prinzipiell nur zwei. Das ist einmal immer samstags, wo ein Sketch hochgeladen wird, in dem verschiedene Charaktere auftreten, wie zum Beispiel Sandra, Hauptkommissar Ronny, Lexa und so weiter, und dann gibt es am Mittwoch als zweites Format immer die Torgshow.

Und was hältst du von Vlogs? Drehst du selber welche oder gar nicht?
Ich drehe ganz selten welche. Nur wenn etwas Spannendes passiert, filme ich gerne mal. Würde ich aber meinen Alltag hier auf dem Land filmen, würde das wirklich niemanden interessieren, da es einfach nicht spannend ist.

Schreibst du für deine normalen Videos Skripte oder drehst du sie spontan?
Meine Hauptvideos sind alle komplett geskriptet. Die Torgshow ist zwar größtenteils frei gesprochen, aber die Sketche sind alle geskriptet. Es sind ja alles Rollen und Dialoge, die da geführt werden.

Dann ist es für dich auch ein sehr großer Aufwand, die Videos zu produzieren?
Total! Viele vergessen oft, dass ich das immer noch alles mit meinem besten Kumpel Matze alleine produziere. Matze übernimmt die Kamera, und den Rest mache ich. Schneiden, hochladen, promoten – und das alles zweimal in der Woche. Das ist schon echt heftig und einige sehen das eben nicht mehr, weil viele große YouTuber mittlerweile gerne ihre Arbeit auch mal an andere abgeben, den Schnitt oder so was zum Beispiel.

Ist das Produzieren deiner Videos heute einfacher für dich als früher?
Nein, eigentlich nicht. Was früher schwieriger war, war eben, dass

ich noch meinen Job als Erzieher nebenher hatte, in dem ich drei Jahre lang gearbeitet habe. Schwierig war da vor allem, dass man sich die Zeit besser einteilen musste. Jetzt mache ich meine Arbeit seit drei Jahren selbstständig und ich kann mir das alles gut selber einteilen. Ich habe mir auch andere Projekte dazugeholt, von daher würde ich nicht unbedingt sagen, dass ich nun mehr Zeit habe als noch vor drei Jahren, das nimmt sich nicht viel.

Wieso hast du deinen Job als Erzieher aufgegeben?
Ich habe damals als Erzieher in meiner alten Grundschule gearbeitet und 2015 aufgehört, weil mir das alles dann zu viel wurde. Man hat beides nur so halb gemacht und das war irgendwann nicht mehr so schön. Vormittags war man mit dem Kopf schon bei den Videos und nachmittags war man mit den Gedanken schon wieder bei den Kids. Ich musste viele coole Projekte absagen, weil ich wusste, ich muss am Montagmorgen um 7.30 Uhr in der Schule fit auf der Matte stehen. Das war halt sehr schade. Ich habe mir dann gesagt: „Du bist männlicher Erzieher, die werden überall gesucht und du kannst jederzeit wieder als Erzieher arbeiten." Ich bereue nicht, dass ich damit vorerst aufgehört habe.

Hast du eine konkrete Zielgruppe, die deine Videos ansprechen sollen?
Das sind eigentlich hauptsächlich Kinder und Jugendliche. Aber das Lustige ist wirklich, dass ich jetzt seit einem Jahr auch angefangen habe, meine Videos auf Facebook hochzuladen, und da sehe ich dann auch in den Statistiken, dass ich Leute zwischen 17 und 30 Jahren erreiche.

Du hast ja sicherlich viel gutes Feedback, wie gehst du wiederum mit Hate um?
Das Gute ist wirklich, dass ich relativ wenig Hate bekomme. Ich glaube, ich biete nicht so viel Angriffsfläche. Das Einzige, was ich mal geboten habe, war der Kinofilm und selbst der Hate war noch sehr respektvoll. Es kommt ganz selten vor, dass mir Leute etwas richtig Böses schreiben und wenn es dann mal vorkommt, dann ignoriere ich das meistens, weil es einfach so eine Minderheit ist, dass es sich gar nicht lohnt, diese zu erwähnen.

Du sprachst gerade von deinem Kinofilm: Ist ein zweiter Teil davon geplant?

Der erste Kinofilm ist im Jahr 2015 herausgekommen. Von den Zahlen her war der super, wir hatten gut eine halbe Million Zuschauer, was für einen Low-Budget-Film der Wahnsinn ist. Die Kritiken dazu waren teils, teils. Die Kritiker waren sich alle einig, dass sie den Film schlecht finden. Bei den Kinobesuchern waren die Meinungen hingegen damals sehr gemischt. Jetzt merkt man so langsam, dass viele ihn gar nicht mehr so schlecht finden. Vorerst ist kein zweiter Teil des Films geplant. Ich glaube, auch in den nächsten zwei, drei Jahren nicht, aber wer weiß, was irgendwann mal passiert. Vielleicht macht man dann mal einen ganz anderen Kinofilm oder etwas Ähnliches, aber jetzt in nächster Zeit ist erst mal nichts in die Richtung geplant.

Hast du einen Traum, den du durch oder mit YouTube erreichen willst?

Die Frage bekomme ich oft gestellt, aber den hatte ich tatsächlich noch nie und habe ihn auch jetzt nicht. Das, was ich bis jetzt erreicht habe, ist so toll und macht mir so einen Spaß. Wenn das jetzt von den Zahlen so bleiben würde, wäre das schon o.k. Ich bin nicht so ein YouTuber, der unbedingt eine bestimmte Anzahl an Abonnenten erreichen will.

Gibt es Videos, die du nie auf deinem Channel hochladen würdest?
Ich würde jetzt niemals ein Let's-Play-Video hochladen, weil das einfach gar nicht ankommen würde. Ich habe halt meine Zuschauer, die unterhalten werden möchten und lachen wollen. Sie haben mich abonniert und in diese Richtung muss ich dann auch gehen.

Hattest du mal einen extremen Fall mit einem Fan?
Ja, das ist aber eine echt lange Geschichte. Ich versuche sie mal kurz zu erzählen: Das Ganze war auf einer Webseite, ähnlich wie damals Schüler-VZ, das ist auch schon ganz lange her. Da hat sich jemand als Torge ausgegeben und über ein Jahr lang verschiedene Mädchen angeschrieben und denen vorgegaukelt, dass ich mit denen zusammen sein wollte. Zwei Drittel der Mädchen dachten am Ende wirklich, sie wären mit mir zusammen. Das Ganze ist dann irgendwann mal aufgeflogen, weil sie sich untereinander gefunden haben und bemerkten, dass das nicht sein kann.

Ist es dein Ziel, so lange wie möglich auf YouTube zu bleiben?
Ich will so lange es geht YouTube-Videos drehen. Man hat einfach so viele Vorteile. Du kannst machen, was du möchtest, und du bist dein eigener Chef. Du hast sofort Feedback in den Kommentaren. Wenn du zum Beispiel beim Fernsehen arbeitest, dann hast du eine bestimmte Sendezeit, du hast so viele Personen, die mit entscheiden, ob es gesendet wird oder nicht usw.

Ist es dir peinlich, manche Szenen zu drehen?
Ich habe, was das angeht, meine Würde schon etwas abgelegt. Das Tolle ist, dass ich mich immer in Rollen befinde, und dann kommt es mir selber nicht so peinlich vor. Wenn ich in der Rolle bin, dann denke ich auch nicht mehr als Torge, dann bin ich echt so krass drin, dass ich auch als Sandra grüße. Wobei Sandra nicht peinlich ist, da trage ich nur eine Hawaiikette und eine Sonnenbrille. Wenn ich dann Kleider anhabe und hier durch Wesselburen laufe, dann stört das die Leute mittlerweile auch nicht mehr, die kennen mich halt.

Glaubst du, dass ein Stück Sandra in dir steckt und ein Stück deines Charakters widerspiegelt?
Nein, ich hoffe nicht. Das werde ich auch oft gefragt, aber ich weigere mich strikt dagegen, dass ich irgendwelche Züge von Sandra habe. Es hat mir zum Glück auch noch niemand aus meinem Freundeskreis gesagt. Ich sehe Sandra als eine Rolle und bestehe einfach darauf, dass ich nichts von Sandra in mir habe, außer vielleicht ihre Schwäche in Mathe.

Hast du selber auch einen Lieblings-YouTuber?
Ja, das ist immer noch, auch wenn sie nur noch wenige Videos macht, Coldmirror. Coldmirror war eigentlich die YouTuberin, die ich als Erstes entdeckt habe, und da schaue ich gerne mal rein. Mit ihr würde ich auch wahnsinnig gerne mal ein Video drehen.

Du hast ja auch ein eigenes Buch herausgebracht. Wie bist du darauf gekommen, eins zu schreiben?
Eigentlich waren es die Zuschauer, die mich darauf gebracht haben. Ich hatte zu der Zeit auch ein Format auf YouTube, in dem ich Zuschauerfragen beantwortet habe. Manche Fragen hätte ich aber gar nicht in einem Video beantworten können, also habe ich meine Zuschauer gefragt, was sie von der Buchidee halten, und alle waren begeistert. Ich habe mich daraufhin in den Sommerferien hingesetzt und tatsächlich auch alles selber geschrieben.

Bleibt neben deiner Karriere auch noch Zeit für andere Hobbys?
Also ich würde total gerne mal Tennisunterricht nehmen. Das nehme ich mir schon seit einem Jahr vor, aber dann muss ich feste Zeiten einhalten und dies ist unmöglich für mich. Was ich habe, ist meine PlayStation, die ich gelegentlich nutze, wenn ich mal eine Stunde Zeit habe. Da setze ich mich davor und zocke eine Runde. Ansonsten zählen auch noch meine Familie und meine Freundin dazu, für die ich mir auch Zeit nehme.

SILVI

SILVI

Steckbrief

Bürgerlicher Name: Silvana Carlsson
Spitzname: Silvi
Alter: 25
Geburtsdatum: 31.03.1992
Sternzeichen: Widder
Geburtsort: Aschaffenburg
Aktueller Wohnort: Köln
Körpergröße: 1,73 m

YouTube-Kanal: Silvi Carlsson
Welche Art von YouTuber bin ich: eine Frau, die Comedy macht

Name der Fans: Badassbitches
Anzahl der Fans auf Facebook: 4000
Anzahl der Fans auf Twitter: 2500
Anzahl der Fans auf Instagram: 9500

Geschwister: keine
So beschreibe ich mich selbst: Ich bin ein ehrlicher und direkter Mensch, mit dem man jede Party crashen kann. Meine Freunde schätzen meine Offenheit und dass ich immer für sie da bin. Wenn irgendwas ist, lasse ich alles stehen und liegen für die Menschen, die ich liebe. Aber ich kann auch ganz schön stur sein. Wenn ich etwas will, dann kämpfe ich darum und will mit dem Kopf durch die Wand ;). Außerdem habe ich immer die verrücktesten Ideen. Die kommen einfach so und unerwartet. Deswegen bin ich eigentlich auch immer auf Achse und will neue Dinge erleben. Ach und: Manchmal bin ich lustig.

Lieblingsfilme: 500 Days of Summer, Inception

Lieblingsbücher: The Fault in Our Stars, Harry Potter 1 bis 3, Der Circle

Lieblingsserien: Sex and the City, Gossip Girl, Orange is the New Black, How I Met Your Mother, Pretty Little Liars

Lieblingsmusik: Indie, Deutsch-Rap, elektronische Musik

Lieblingsfarbe: Hellblau

Lieblingsjahreszeit: Herbst

Glückszahl: 13

Meine liebste Kleidung: schwarze High-Waist-Hose, graues Shirt, Lederjacke, schwarze Ankle Boots und hübschen Schmuck

Diesen YouTuber finde ich am besten: llSuperwomanll (Lilly Singh)

Das esse ich am liebsten: Pizza, Burger und Käse (Käse macht alles besser)

Dieses Essen mag ich nicht: Lakritz, Kümmel und Koriander

Lieblingsfach in der Schule: Deutsch, Englisch und Sozialkunde

Unbeliebtestes Fach in der Schule: Chemie!

Lieblingssportart: Volleyball und Jazz-Dance

Wann habe ich meinen ersten Kuss bekommen: mit 15

Mit wem würde ich gerne ein Video drehen: mit Jennifer Lawrence

Welche Eigenschaft beschreibt meine Persönlichkeit: kreativ

Davor habe ich Angst: dass meinen Liebsten etwas passiert!

Mein großer Lebenstraum: Ganz banal: Glücklich sein. Aber die einfachsten Ideen sind ganz oft die besten. J

Silvi, wo bist du geboren?
Ich bin in Aschaffenburg geboren und habe dort in einem kleinen Vorort bis zu meinem 20. Lebensjahr gelebt. Jetzt lebe ich in Köln.

Warum hast du dich entschieden, nach Köln zu ziehen?
Ich bin mit 20 Jahren nach Würzburg umgezogen, um zu studieren. Nach meinem Studium bin ich dann nach Köln gezogen. Zwischendurch habe ich aber schon mal ein halbes Jahr in Köln gewohnt. Ich finde Köln super. Damals in der 7. Klasse waren wir mit der Klasse dort in einem Schullandheim und ich habe mich total in die Stadt verliebt. Seitdem wollte ich dann eigentlich dahinziehen.

Findest du es praktisch, in der YouTuber-Stadt zu wohnen, um mit anderen YouTubern Videos zu drehen?
Ja, an sich schon. Es gibt schon viele YouTuber in Köln. Ich habe aber mehr Kontakt zu YouTubern, die in Hamburg, Frankfurt und München verteilt wohnen. Auf der einen Seite ist das sehr schade, aber auf der anderen Seite ist es auch sehr cool, da man so überall mal hin kommt.

Du erwähntest gerade, dass du studiert hast, was hast du denn studiert?
Ich habe Medienmanagement studiert. Das war ein wirtschaftliches Studium, was sehr hilfreich für YouTube war. Eigentlich wollte ich schon, seit ich zwölf Jahre alt bin, in die Medienbranche, aber ich habe nie gewusst, wie und wohin genau. In meinem Stu-

dium habe ich dann aber allgemein auch die Basics zum Schnitt, zur Kameraführung und auch zum Schreiben von Konzepten gelernt. So wurde das Ganze angerissen und ich habe schließlich angefangen, das zu Hause weiterzuführen. Dadurch bin ich dann auf YouTube gekommen.

Was hattest du vor deinem Studium für einen schulischen Werdegang?

Also, ich war erst auf dem Gymnasium, dann bin ich auf die Realschule gewechselt und habe anschließend mein Abitur absolviert.

Warst du damals eine gute Schülerin?

In der Grundschule war ich die absolute Streberin. Ich war damals Klassenbeste. Danach war ich auf dem Gymnasium, jedoch bin ich von da dann auf die Realschule gewechselt, weil ich Latein gehasst habe. In der Realschule war ich ebenfalls die Streberin. Ich war keine Schleimerin, wie man sie aus den Klischees kennt. Ich war einfach sehr fleißig und vorbildlich. Mir hat Schule früher extrem viel Spaß gemacht und meine Eltern konnten sich nie beschweren.

Hattest du früher nie das Bedürfnis, die Lehrer zu ärgern?

Ich habe mich gerne mit Lehrern angelegt. Ich hatte schon immer einen sehr ausgeprägten Gerechtigkeitssinn und immer, wenn ich oder ein anderer ungerecht behandelt wurde, dann habe ich ab einem bestimmten Alter angefangen, darüber zu diskutieren. Ich glaube, viele fanden das ziemlich nervig, aber das war mir egal, weil ich mich da immer für Gerechtigkeit einsetzen wollte.

Wusstest du schon vor deinem Studium, dass es die Plattform YouTube gibt und dass du gerne mal YouTube-Videos produzieren möchtest?

Vor der Kamera war ich schon mein ganzes Leben lang. Mein Papa hatte früher eine große Kamera und hat mich immer überall gefilmt. Ich war schon immer so eine kleine Rampensau, ich wollte immer auf die Bühne und vor die Kamera. Früher habe ich meine eigenen Shows erfunden und mit dem Diktiergerät alle interviewt. Man konnte ahnen, dass ich später mal etwas in diese Richtung machen werde. Die Plattform YouTube an sich kannte ich über einen ganz langen Zeitraum nicht, ich habe YouTube erst sehr spät entdeckt. Ich habe mir über ein halbes Jahr lang dann immer YouTube-Videos von anderen angeschaut und dachte mir: „Och ... das hätte ich jetzt aber etwas anders gemacht." Ich war vollkommen unzufrieden damit, nur Konsument zu sein. So habe ich mich dann auch dazu entschieden, mir einen eigenen YouTube-Kanal anzulegen.

Hattest du gleich Videoideen oder wusstest du nicht, in welche Richtung du gehen wirst?

Ich habe tatsächlich in der Kategorie Beauty, Fashion und Lifestyle angefangen. Jeder, der mich kennt und meine YouTube-Videos schaut, weiß, dass ich jetzt komplett in eine andere Richtung gehe, nämlich Comedy.

Wieso hat sich die Richtung deiner Videos geändert?

Ich wollte damals einfach nur vor die Kamera und jedes Mädchen auf YouTube hat Beauty-Videos gedreht. Ich finde es ziemlich dämlich, dass mich das so beeinflusst hat. Damals gab es nur ganz wenige YouTuber, die Comedy-Videos gedreht haben, und deshalb habe ich mich das auch nicht gleich zu Beginn getraut. Das Lustige ist, dass ich in meinem ersten Beauty-Video, welches auch nicht mehr auf meinem Kanal verfügbar ist, instinktiv einen

Sketch eingebaut habe. Damals habe ich wahrscheinlich schon gefühlt, dass Comedy meine Videorichtung ist, nur habe ich es einfach nicht richtig umgesetzt.

Wie findest du die Trend-Videos, die man auf fast jedem Kanal findet?

Das Problem ist, dass, sobald jemand ein YouTube-Format erfindet, die anderen YouTuber es kopieren, anstatt daraus wieder ein eigenes zu erfinden. Das macht dann die ganze Geschichte zu einem Einheitsbrei.

Was ist dein Hauptberuf?

Hauptberuflich bin ich Projektmanagerin. Ich arbeite bei einem privaten Fernsehsender. Ich leite die Projekte und schreibe dafür auch die Konzepte. Bei den Projekten handelt es sich um digitale Projekte. Ich bin also in meiner Arbeit und gleichzeitig auch in meiner Freizeit sehr kreativ und habe immer viele Ideen, die ich versuche umzusetzen.

Ist Videos drehen für dich heute einfacher als früher?

Das ist eine gute Frage, ich glaube, dass Video drehen an sich heute aufwendiger für mich ist als früher. Man hat halt früher viel länger gebraucht, um die Sachen einzurichten, weil man da noch nicht so erfahren war. Ich denke, die Videos zu drehen, dauert heute auch länger, da ich viel mehr Equipment habe. Als ich mit meinem ersten Video angefangen habe, hatte ich kein Licht und keine Spiegelreflexkamera, auch ein Mikrofon hat gefehlt. Jetzt habe ich mehrere Objektive, Softboxen und vieles mehr und das bedeutet eben auch mehr Aufwand. Im Vergleich dazu bin ich jetzt viel schneller im Schnitt. An sich hat sich meine Arbeitsweise sehr geändert.

Wie schnell steigt deine Popularität auf YouTube?

Ich würde sagen, dass meine Popularität auf YouTube relativ gleichmäßig wächst. Es gibt aber auch Monate, in denen schießen die Zahlen unglaublich in die Höhe, nur weil irgendein Video durch die Decke geht. Ich finde, mein Wachstum auf YouTube geht ziemlich ausgeglichen konstant nach oben. Vielleicht nicht so schnell wie bei anderen, aber das ist völlig in Ordnung. Ich habe dafür sehr langjährige und treue Zuschauer.

Fühlst du Verantwortung gegenüber deinen Zuschauern?

Ich bin mir meiner Vorbildfunktion sehr bewusst und nehme diese auch ernst. Ich habe viele jüngere Zuschauer, die man dadurch auch beeinflussen kann und denen man als Vorbild zur Seite steht.

Hattest du zu Beginn deiner Karriere viel „Hate"?

Im Internet hatte ich sehr wenig Hate, damit hatte ich Glück. Klar gibt es ab und zu mal einen blöden Kommentar, aber da muss man drüberstehen. Irgendwann zieht das an einem vorbei und man lernt, damit umzugehen. „Wo keine Hater, da auch kein Erfolg", sage ich immer.

In meinem privaten Leben hatte ich dafür umso mehr, meine Freunde haben das alle akzeptiert und mich auch voll unterstützt, allerdings haben sich die Leute in meiner Umgebung schon angefangen darüber zu unterhalten. Wenn man mit YouTube anfängt und sich noch nicht „bewiesen" hat, dann besteht das Ganze nur aus der Reichweite und die Leute sehen das nicht wirklich als erfolgreich an. Es wurde schon ziemlich viel gelästert und es haben sich auch einige darüber lustig gemacht. Das war teilweise echt nicht einfach. Man muss in so einem Fall aber einfach versuchen, drüberzustehen und sein eigenes Ding durchzuziehen. Jetzt, wo ich mehr Abonnenten und in den Augen der Leute Erfolg habe, kommen sie und sagen: „Ich finde es super, dass du YouTube-Videos drehst."

Hattest du schon einmal ein krasses Erlebnis, während du ein YouTube-Video gedreht hast?

Ja, ich habe mir mal meinen Arm während des Drehens gebrochen. Ich war in meiner Anfangsphase auf YouTube in einem Video Schlittschuh laufen. Schlittschuhlaufen war nicht wirklich mein Freund. Davor habe ich auch noch gesagt, dass ich mir mein Bein brechen werde. Am Ende war es dann aber doch mein Arm.

Welche Formate findet man auf deinem YouTube-Kanal?

Auf meinem Channel findet man meist Sketche. Außerdem gibt es meine Teenie-Tagebuch-Videos, in denen ich aus meinem alten

wahren Tagebuch von früher vorlese. In meinen Fake vs. Original-Videos teste und vergleiche ich teure, originale und günstige, nachgemachte Süßigkeiten. Das habe ich mittlerweile aber auch erweitert und teste nicht mehr nur Süßigkeiten, sondern auch andere Lebensmittel.

Du drehst manchmal Parodien. Steckt bei den Parodien auch ein Stück deiner Meinung dahinter?
Natürlich sind sie auch teilweise ein bisschen gesellschaftskritisch gedacht. Ich würde schon sagen, dass hinter jedem dieser Videos eine Message steckt.

Schaut sich deine Familie deine Videos an?
Ja, es hat zwar ziemlich lange gedauert, bis meine Familie verstanden hat, was YouTube überhaupt ist, aber tatsächlich haben mich meine Eltern mittlerweile beide abonniert. Mein Papa schaut sich jedes Video an und ist immer top informiert. Es ist auch deswegen ganz schön, weil ich ja nicht mehr zu Hause wohne.

Hast du neben deinem Beruf und YouTube auch noch Zeit für andere Hobbys?
Ich versuche, alles unter einen Hut zu bekommen, aber es ist manchmal tatsächlich schwierig. Man muss definitiv YouTube lieben, um es zu machen, weil es sehr viel Zeit einnimmt. Ich mache das noch neben meinem Beruf und ich kann mich daran erinnern, dass ich selbst während meines Studiums kaum noch Zeit für andere Dinge hatte.

Würdest du YouTube als dein Hobby bezeichnen?
Für mich ist YouTube mehr als nur ein Hobby, für mich ist YouTube Leidenschaft.

TINA

TINA

Steckbrief

Bürgerlicher Name: Tina Neumann
Spitzname: Tina
Alter: 15
Geburtsdatum: 11.03.2002
Sternzeichen: Fische
Geburtsort: Graz
Aktueller Wohnort: Graz
Körpergröße: 1,63 m

YouTube-Kanal: Tina Neumann
Welche Art von YouTuber bin ich: Lifestyle, Beauty, ich mache alles Mögliche, eben was mir Spaß macht
Name der Fans: #teamtina
Anzahl der Fans auf Facebook: nutze ich nicht
Anzahl der Fans auf Twitter: 5.763
Anzahl der Fans auf Instagram: 125.000

Geschwister: eine Schwester (23) und ein Bruder (19)

So beschreibe ich mich selbst: hilfsbereit, ehrlich, tierlieb, spontan, reisefreudig

Lieblingsfilme: Ich mag alle Filme von Til Schweiger und Matthias Schweighöfer, aber auch ältere Highschool-Filme
Lieblingsbücher: Ich lese tatsächlich sehr wenig, aber vielleicht wird ja dies mein neues Lieblingsbuch
Lieblingsserien: Hab ich nicht
Lieblingsmusik: Pop, Hip-Hop, Rap, aktuelle Charts
Lieblingsfarbe: Pastellfarben
Lieblingsjahreszeit: Sommer
Glückszahl: 1103
Meine liebste Kleidung: Hoodies

Diesen YouTuber finde ich am besten: Julien Bam

Das esse ich am liebsten: Pizza und vegetarisch

Dieses Essen mag ich nicht: Fleisch/Fisch

Lieblingsfach in der Schule: Sport

Unbeliebtestes Fach in der Schule: Mathe

Lieblingssportart: Gymnastik

Wann habe ich meinen ersten Kuss bekommen: 14

Mit wem würde ich gerne ein Video drehen: Lionttv, Shirin David, Julien Bam

Welche Eigenschaft beschreibt meine Persönlichkeit: aktiv, beweglich, clever, eifrig, selbstkritisch, emotional, offen, freundlich

Davor habe ich Angst: vor Krankheit und Katastrophen

Mein großer Lebenstraum: nach Amerika reisen, in einem Kinofilm eine größere Rolle spielen und gesund bleiben

Tina, Wo bist du geboren?
Ich bin in der Nähe von Graz geboren und lebe auch immer noch in meinem Geburtsort. Ich wohne sehr gerne hier, auch weil meine ganze Familie mit mir hier lebt. Ich glaube aber nicht, dass ich für immer hier leben werde, da ich auch gerne mal nach Deutschland ziehen würde. Österreich ist echt schön, aber ich reise sehr gerne und bin eher ein Stadtmensch.

Wo in Deutschland würdest du dann hinziehen?
Ich war vor Kurzem in Berlin und das hat mir sehr gut gefallen. Ich könnte mir aber auch Köln, Hamburg oder ähnliche Orte in Deutschland vorstellen.

Und hast du Geschwister?
Ja, ich habe einen 19-jährigen Bruder und eine 23-jährige Schwester, beide wohnen mit mir im selben Ort.

Wie ist deine Schulzeit verlaufen?
Vor Kurzem musste ich meine Schule wechseln. Einer der Gründe dafür war YouTube. Es kam zu ein paar Konflikten, da viele Schüler nicht damit klargekommen sind, dass ich YouTube-Videos drehe. Ich wurde ziemlich gehänselt und ausgeschlossen. Es könnte auch daran liegen, dass es in Österreich weniger YouTuber gibt als in Deutschland und es hier nicht so geläufig ist, dass jemand anfängt, YouTube-Videos zu produzieren. Ab nächsten Monat gehe ich auf eine neue Schule und dann wird bestimmt alles besser.

Ist der Anfang auf YouTube in Deutschland einfacher?
Ich denke, in Deutschland ist es einfacher als in Österreich. Klar muss man sich auch anstrengen, aber ich habe das Gefühl, dass

YouTube als Medium und allgemein als Thema in Deutschland verbreiteter ist und schneller akzeptiert wird. Andererseits hat man in Deutschland dafür wiederum eine größere Konkurrenz als in Österreich.

Wie bist du darauf gekommen, selber Videos zu produzieren?
Die Idee, YouTube-Videos zu drehen, hatte ich bereits 2014. Ich war schon immer das YouTube-Fangirl und habe mir wirklich jeden Tag mehrere YouTube-Videos von anderen YouTubern angesehen. Ich wollte unbedingt selber Videos drehen. Schon früher habe ich auf meinem iPad Videos gedreht und geschnitten, sie anschließend aber wieder gelöscht, da ich Angst hatte, sie hochzuladen. Angefangen hat das Ganze bei mir dann mit Musical.ly und viele Leute meinten zu mir, dass ich mir doch mal einen YouTube-Channel erstellen soll. Ich habe mir dann die Meinung meiner Schwester eingeholt und sie hat mir wirklich sehr geholfen. Denn dann habe ich einfach angefangen und wollte sehen, ob es mir auch wirklich Spaß macht.

Du sagtest gerade, dass alles durch Musical.ly begonnen hat?
Ja, 2015 habe ich damit begonnen, Musical.lys hochzuladen. Zwischendurch musste ich mir zwar mal einen neuen Account erstellen, da habe ich dann wieder bei null angefangen, aber seit ich mit meinem neuen Account Ende Februar 2016 begonnen habe, ging es dann plötzlich sehr schnell bergauf und ich weiß selber nicht, warum. Seit Oktober 2016 drehe ich Videos auf YouTube.

Fühlst du Verantwortung gegenüber deinen Zuschauern?

Ich denke, wenn man älter ist, dann fühlt man mehr Verantwortung als mit fünfzehn Jahren. Natürlich muss ich extrem aufpassen, was ich mache, was ich poste und wie ich mich zeige. Wenn ich mir überlege, was meine Schwester mit fünfzehn Jahren gemacht hat, dann muss ich wirklich aufpassen, wie ich mich präsentiere. Ich weiß, dass ich eine Vorbildfunktion habe, aber manchmal fällt es mir schon schwer zu realisieren, dass ich mit nur fünfzehn Jahren ein Vorbild für andere bin.

Ich habe eine große Fanbase und ich möchte meinen Zuschauern sehr viel Positives mit auf den Weg geben, gerade weil ich weiß, dass ich auch noch wesentlich jüngere Zuschauer habe.

Findest du es schwer zu realisieren, dass hinter den Zahlen reale Menschen stecken?

Ja, weil es echt enorme Zahlen sind. Wenn man sich überlegt, dass ich 600.000 Leute auf Musical.ly habe, dann ist das schon krass. Immer wenn ich auf Fantreffen meine Fans im echten Leben treffe, realisiere ich wieder ein Stück mehr, dass hinter jedem Account wirklich ein Mensch sitzt. Ich finde deshalb, dass Fantreffen wirklich cool sind und noch dazu einen echten Nutzen haben.

Machst du viele Fantreffen oder hält sich das in Grenzen?

Ich versuche immer, wenn ich in anderen Städten unterwegs bin, ein Fantreffen zu organisieren.

Wo hattest du schon überall Fantreffen?
Ich hatte schon einige in Wien, in Graz, Salzburg, Berlin, München, Frankfurt, Saarbrücken und weiteren Städten. Da kommt schon eine ganze Menge zusammen.

Wie viele Menschen kann man bei so einem Fantreffen erwarten?
Es kommt immer darauf an, wie das Fantreffen vorher angekündigt wird. Wenn ich das Fantreffen zum Beispiel drei oder vier Tage vorher ankündige, dann kommen schon große Zahlen zusammen, da war auch sogar mal die Polizei da.

Musste schon mal die Polizei bei einem Fantreffen eingreifen?
Nein, so krass war es zum Glück noch nie. Ich kündige die meisten Fantreffen wirklich auch nur zwei Tage vorher an, damit es nicht dazu kommt, dass es zu viele Menschen werden. Wenn ich so ein Fantreffen eine Woche vorher ankündigen würde, dann würde die ganze Situation anders aussehen.

Hast du eine konkrete Zielgruppe, die deine Videos erreichen sollen?
Bei mir ist das komplett verschieden. Ich habe viele jüngere Zuschauer, aber ich bekomme auch viel Feedback von Jugendlichen im Alter von sechzehn oder siebzehn Jahren. Generell würde ich sagen, dass vor allem Jugendliche zu meiner Zielgruppe gehören.

Wie hast du online Kontakt zu deinen Fans?
Ich versuche, vielen auf Instagram zu antworten und meinen Fans auch zu helfen. Manchmal stelle ich mein Snapchat auf öffentlich und snappe dann etwas mit meinen Fans. Am häufigsten streame ich auf Live.ly oder Ähnlichem. Dort steht man seinen Fans meiner Meinung nach besonders nahe. Ich versuche, so oft wie möglich zu streamen, die Zeit dafür ist mir sehr wichtig.

Wie findest du Hate?
Hate an sich finde ich nicht gut. Wenn es sich wiederum um konstruktive Kritik handelt, dann finde ich sie sehr gut. Dann erfährt man die Meinung anderer auf positive Art und Weise und nur so kann man aus seinen Fehlern lernen und bessere Videos produzieren.

Und wie gehst du mittlerweile mit Hate um?
Anfangs habe ich mir Hate oft zu Herzen genommen, aber mittlerweile denke ich mir einfach: „Man kann es nicht jedem recht machen." Ich will es auch nicht jedem recht machen. Die Leute, die mich mögen, akzeptieren mich so, wie ich bin, und die anderen müssen sich ja nicht mit mir beschäftigen.

Wusstest du zu Beginn sofort, in welche Richtung deine Videos gehen würden?
Mir war von Anfang an klar, dass ich nur Videos drehen werde, die mir auch Spaß machen. Videos, die ich für gut empfinde, und Videos, die ich auch selber gerne schauen würde.

Hättest du gedacht, dass du irgendwann mal in der Öffentlichkeit stehst?
Nein, ich war am Anfang wirklich nur ein riesiges Fangirl. Ich war selber als Zuschauer bei den ganzen Events in der ersten Reihe, um mit den YouTubern Bilder zu machen. Jetzt bin ich selber als YouTuberin auf diesen Events und sehr stolz darauf.

Kannst du dir vorstellen, irgendwann YouTube hauptberuflich nachzugehen?
Ich möchte YouTube nicht hauptberuflich machen. Man weiß ja nie, wann YouTube seinen Hype verlieren wird, und somit hat man dann auch keine Sicherheit. Ich möchte schon eine gute Ausbildung machen und dann vielleicht studieren. YouTube will und werde ich aber dennoch so lange weiterführen, wie es mir Spaß macht.

Hast du einen Traum in deinem Leben?
Ich möchte unbedingt mal nach Amerika reisen!

Und hast du einen Traum, den du durch YouTube erreichen möchtest?
Einer meiner Kindheitsträume ist es, einmal in einem Kinofilm mitzuspielen. Vor Kurzem habe ich in einem Kinofilm eine kleine Rolle übernehmen dürfen. Ich hoffe, dass ich durch YouTube die Möglichkeit bekomme, einmal eine etwas größere Rolle spielen zu können.

Was würdest du deinen Fans raten, wenn sie auch mit YouTube beginnen wollen?

Man sollte auf jeden Fall immer man selbst bleiben, sich nicht verstellen und auch nur das tun, was einem selber Freude bereitet. Lasst euch nie von jemandem unterkriegen und zieht immer euer eigenes Ding durch! Und lasst euch niemals von irgendwelchen blöden Leuten kaputtmachen.

Schaut sich deine Familie deine Videos an?
Ja, mein Vater und meine Mutter schauen sich meine Videos immer sofort an – und meine Schwester sowieso. Meine Tante und der Rest der Familie schauen sich meine Videos später dann zusammen auf dem Fernseher an.

Was wäre dein Hobby, wenn du keine YouTuberin wärst?
Vor YouTube habe ich eine Zeit lang Gymnastik gemacht. Wenn ich YouTube nicht hätte, würde ich vielleicht noch mal damit anfangen. Aber ich weiß es nicht so genau.

Legst du viel Wert auf die Qualität deiner Videos?
Klar lege ich Wert darauf, dass meine Videos eine gute Qualität haben. Jedoch finde ich, dass man bei meiner Reichweite noch keine perfekt gedrehten Videos haben muss. Ich habe auch noch YouTube-Videos auf meinem Channel, die mit einer sehr viel schlechteren Kamera gedreht sind. Aber so sieht man eben die Entwicklung, und das finde ich auch nicht schlimm.

Hast du jemanden, mit dem du deine Videos besprichst?
Ich rede oft mit engen Freunden von mir und mit meiner Schwester bespreche ich jedes einzelne Video.

Wie crazy bist du?
Mache ein individuelles Foto
und teile es unter
#meinlebenalsyoutuber.
Wir liken dein Bild.

CAN

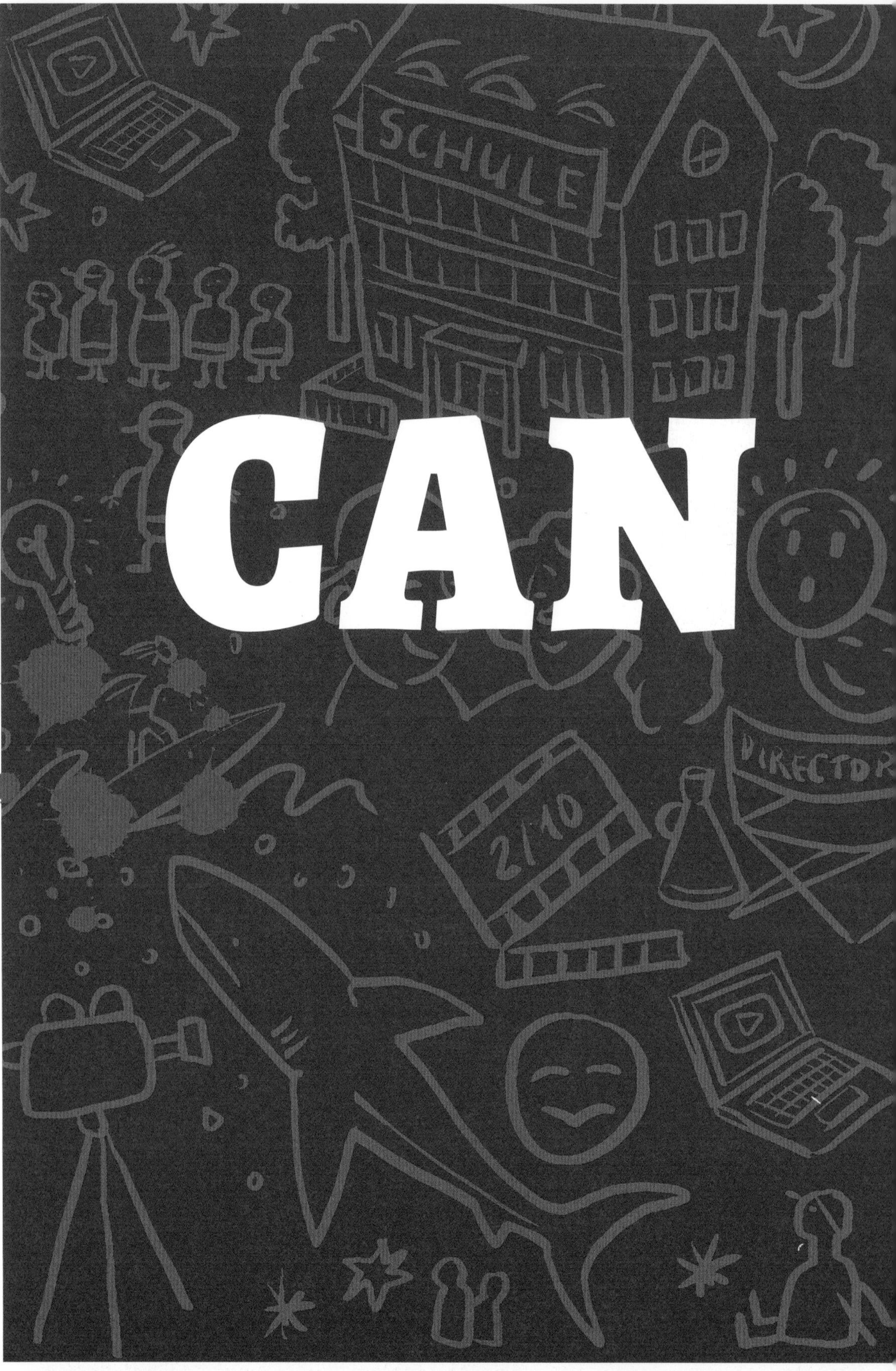

CAN

Steckbrief

Spitzname: Johnny, Cani
Bürgerlicher Name: Sabri Can Günaydi
Alter: 21
Geburtsdatum: 07.03.1996
Sternzeichen: Fische
Aktueller Wohnort: Mannheim
Körpergröße: Auf die Größe kommt es nicht an! :D

YouTube-Kanal: justCaan
Welche Art von YouTuber bin ich: Der Clickbait-YouTuber, Comedy & Unterhaltung

Name der Fans: #TeamCan
Anzahl der Fans auf Facebook: 69.439
Anzahl der Twitter Fans: 7.305 (inaktiver Account)
Anzahl der Instagram Fans: 60.100

Geschwister: Ich habe zwei Schwestern, 23 und 27 Jahre alt.
So beschreibe ich mich selbst: Ziemlich verrückt, voller Energie, ein Perfektionist, Beyoncé-Fan Number 1, 24/7 hungrig, kindisch, aber ich kann auch mal ernst sein, wenn es darauf ankommt. :)

Lieblingsfilme: Einfach zu haben, In meinem Himmel & Vielleicht lieber Morgen
Lieblingsbücher: Die Harry-Potter-Reihe
Lieblingsserien: American Horror Story & How to get away with Murder! Best ones!
Lieblingsmusik: Ich höre alles an Musik außer Rock :)
Lieblingsfarbe: Rot

Lieblingsjahreszeit: Herbst

Glückszahl: 5

Meine liebste Kleidung: Eine schwarze Hose, ein weißes T-Shirt, eine Lederjacke & graue Chucks!

Diesen YouTuber finde ich am besten: Joey Graceffa, Julien Bam

Das esse ich am liebsten: Pizza & Nudeln

Dieses Essen mag ich nicht: Rosenkohl

Lieblingsfach in der Schule: Englisch, Kunst

Unbeliebtestes Fach in der Schule: Mathe, bah!

Lieblingssportart: Moment, Sport? haha

Wann habe ich meinen ersten Kuss bekommen: Ich glaube mit 15, 16 Jahren.

Mit wem würde ich gerne ein Video drehen: Beyoncé!

Welche Eigenschaft beschreibt meine Persönlichkeit: Ich glaube, spontan und freundlich.

Davor habe ich Angst: Ohrenkneifer! Ich hasse diese Insekten, da ich mal ein traumatisches Erlebnis mit einem dieser fiesen Käfer hatte!

Mein größter Lebenstraum: Schauspieler werden und in die USA ziehen. Ich weiß, die Chance ist gering, aber wenn es andere geschafft haben, dann kann ich das auch :). Ich will auf mein Leben zurückschauen und nichts bereuen, jede kleinste Entscheidung öffnet eine weitere Tür :)

Can, wo bist du geboren und wo bist du aufgewachsen?
Ich bin in Schwetzingen geboren, das liegt 20 Minuten entfernt von Mannheim. Seitdem wohne ich in Reilingen, einem Dorf mit nur 10.000 Einwohnern. So langsam würde ich aber gerne in eine größere Stadt ziehen, zum Beispiel nach Köln.

Verständlich. Hast du Geschwister, die mit dir auf dem Dorf leben?
Ja, ich habe zwei ältere Schwestern. Meine Mutter und mein Vater kommen beide aus der Türkei. Meine älteste Schwester ist in der Türkei geboren und meine andere Schwester ist genau wie ich in Schwetzingen geboren.

Und wieso sind deine Eltern nach Deutschland gekommen?
Mein Vater hat schon davor in Deutschland gelebt und ist dann zurück in die Türkei gezogen. In der Türkei hat er meine Mutter kennengelernt und geheiratet. Später sind sie dann zusammen wieder nach Deutschland gezogen.

Bist du in deinem Ort auch zur Schule gegangen?

Ja, ich bin bei mir im Ort auf die Grundschule gegangen, danach war ich auf der Hauptschule und anschließend auf der Realschule. Zum Schluss habe ich mein Abitur und meine Ausbildung zum Grafiker parallel gemacht.

Wieso hast du dich für eine Ausbildung zum Grafiker entschieden?

Ich liebe Design einfach, deshalb habe ich mich für diese Ausbildung entschieden. Nebenbei habe ich noch drei Jahre bei Burger King gearbeitet und seit Juli 2017 habe ich die Ausbildung zum Grafiker erfolgreich beendet. Zurzeit überlege ich noch, ob ich nicht vielleicht Film und Video studieren sollte.

Zeichnung von Can

Was für ein Schüler warst du während deiner Schulzeit?

Ich war der, der immer die Lehrer gestresst hat, jedoch auf eine positive Art. Ich war niemals respektlos gegenüber irgendeiner Autoritätsperson in der Schule, aber ich konnte einfach nie die Klappe halten. Ich war aber dadurch kein schlechter Schüler, meine Noten waren immer gut, ich habe halt nur sehr viel geredet. Die Lehrer haben mich ziemlich oft aus dem Unterricht geworfen.

Wurdest du in Mannheim schon von Fans erkannt?
Ja, schon oft. Ich gehe ja auch ziemlich häufig nach Mannheim zum Shoppen. Manche Leute treffe ich sogar mehrfach.

Wie hat sich deine „Karriere“ als YouTuber entwickelt? Bist du durch Zufall auf die Plattform YouTube gestoßen?
Ich habe damals sehr oft amerikanische YouTuber angeschaut und fand sie super gut. Als Kind wollte ich Schauspieler werden und das ist auch immer noch so. Irgendwann dachte ich mir dann: „Vielleicht fängst du ja auch einfach mal mit YouTube an und eventuell wird ja jemand auf dich aufmerksam.“ Das ist leider aber noch nicht passiert. Bis jetzt wurde mir noch keine Rolle als Schauspieler angeboten, aber vielleicht kommt das ja noch.

Hast du dein YouTube-Intro alleine designt?
Ja! Ich habe das alles selbst Schritt für Schritt gezeichnet. Am Ende waren es so um die 160 Bilder. Es steckt ziemlich viel Arbeit drin, wenn man bedenkt, wie kurz es ist.

In welchem Jahr hast du angefangen, YouTube-Videos zu drehen?
Ich habe 2012 angefangen, meine ersten YouTube-Videos zu drehen, jedoch drehe ich erst seit etwa zwei Jahren regelmäßig YouTube-Videos. Davor habe ich sie immer nur vereinzelt hochgeladen, so alle ein bis zwei Monate nur.

Hattest du gleich eine Idee, in welche Richtung deine Videos gehen sollen?
Das Ganze hat sich mit der Zeit erst entwickelt. Ganz früher habe ich mal Musikvideos gedreht, da war ich aber noch sehr jung. Damals war es Trend, Musikvideos zu drehen. Richtig viele Teenager haben das zu der Zeit gemacht, also habe ich es auch mal probiert und es kam auch ziemlich gut an. Den richtigen Erfolg auf YouTube habe ich jedoch erst durch die Plattform AskFM bekommen.

Was hatte AskFM dabei für einen Einfluss?
Auf AskFM beantwortet man Fragen, die man von anderen Personen gestellt bekommt. Irgendwie sind meine Antworten dann

auf einmal richtig bekannt geworden und somit wurde eben auch ich als Person bekannter dort. Das hatte gar keinen bestimmten Grund, glaube ich. Ich hatte auf der Plattform 11 Millionen Likes

und war damit unter den bekanntesten Nutzern dieser Plattform. Nebenbei habe ich dann mit YouTube angefangen und dann sind viele meiner Follower von AskFM auch auf meinen YouTube Kanal gegangen, was sehr gut war. Das Ganze war schon ein bisschen Glück.

Nutzt du die Plattform AskFM heute noch?
Nein, heute nutze ich diese Plattform nicht mehr, aber es war ein sehr gutes Sprungbrett für mich damals.

Findest du, dass deine Popularität immer weiter ansteigt oder bleibt sie auf einem Level?
Bei mir sind das immer Phasen. Es gibt die Phase, in der meine Abonnenten immer gleich bleiben, wenn dann aber mal ein Video von mir in den Trends auf YouTube erscheint, dann kommen schon sehr viele neue Abonnenten dazu.

Fällt es dir schwer zu realisieren, dass hinter den Zahlen auf YouTube auch reale Personen stecken?
Ich habe dieses Thema auch schon in einem meiner Videos angesprochen. Man realisiert oft nicht, dass hinter den Zahlen echte Personen stecken. Man redet ja schließlich alleine in seinem Zimmer mit einer Kamera. Dass sich das nachher mehrere Tausend Menschen ansehen werden, ist einem in dem Moment nicht wirklich bewusst. Mir ist das selbst erst vor einiger Zeit so richtig klar geworden, deshalb habe ich mir auch vorgenommen, noch mehr darauf zu achten, was ich in meinen Videos sage.

Hast du eigene Formate auf deinem YouTube-Channel?
Ich bin gerade dabei, ein eigenes Format zu entwickeln, und zwar versuche ich, „Trying to speak …"-Videos zu drehen. In diesem Format spreche ich ausschließlich Englisch und versuche eine andere Sprache zu lernen. Bis jetzt findet man erst ein Video in diesem Format auf meinem Kanal, mit der Sprache Kroatisch. Tatsächlich ist dieses Video in die YouTube-Trends in Kroatien gekommen, womit ich selber nie gerechnet hätte.

Welches Videoformat würdest du nie für YouTube produzieren?
Ich würde nie Videos hochladen, in denen ich auf andere YouTuber reagiere. Ich finde, jeder soll das machen, was er möchte. Als YouTuber hat man eine Vorbildfunktion und da sollte man nicht negativ über andere Personen reden.

Hast du eine bestimmte Richtung, in die deine Videos gehen?
Nein, eigentlich nicht wirklich. Ich versuche, meine Videos nicht zu eintönig zu halten, ich möchte auch viele neue Sachen ausprobieren und nicht langweilig wirken.

Hast du Kontakt zu deinen Fans?

Ja, ich lege großen Wert darauf, Kontakt zu meinen Fans zu haben. Den Kontakt halte ich meistens über Instagram. Wie gesagt, treffen mich auch viele Fans einfach so beim Shoppen in der Stadt.

Gab es auch schon extreme Vorfälle mit Fans?

Ja, es gab einmal einen wirklich extremen Vorfall. Vor ungefähr einem Jahr ist er passiert. Es war ein fünfzehnjähriges Mädchen, welches herausgefunden hat, wo ich wohne. Sie ist dann mit ihrer Mutter fünf Stunden bis zu mir nach Hause gefahren. Ich bin ein Mensch, der schwer Nein sagen kann. Ich habe meine Tür geöffnet und war ziemlich geschockt darüber, dass auf einmal fremde Menschen vor meinem Haus stehen. Trotzdem habe ich sie hereingelassen und kurz mit ihnen gesprochen, anschließend sind

sie dann wieder zurückgefahren. Als ich dann dachte, dass alles vorbei sei, ist das Mädchen dann irgendwann wieder aufgetaucht und hat an meiner Tür geklingelt. Ich habe dann so getan, als wäre niemand zu Hause, weil ich echt Panik hatte. Sie hat Sturm geklingelt und erst nach einer langen Weile aufgehört. Das Mädchen hat mir viele Briefe und Mails geschrieben, sogar ihre Mutter hat mich über Facebook kontaktiert.

Schaut sich deine Familie deine Videos an?

Ab und zu ja, aber nicht alle aus meiner Familie schauen sich meine Videos an. Meine Mama schaut sie sich zum Beispiel nicht regelmäßig an, obwohl sie manchmal darin zu sehen ist. Aber meine älteste Schwester ist innerhalb der Familie mein treuester Fan.

Was würdest du machen, wenn du kein YouTuber wärst?

Entweder würde ich jetzt in einer Agentur sitzen und Grafiken designen, oder ich würde vielleicht eine Ausbildung als Schauspieler beginnen.

Gibt es jemanden, mit dem du Videos besprichst, wenn du dir nicht sicher bist?

Ich bespreche solche Videos mit meinem Partnermanager Peter. Er hilft mir und gibt mir auch immer sehr gute Tipps, die mir in solchen Fällen weiterhelfen.

SASCHA + DIMA

SASCHA

Steckbrief

Bürgerlicher Name: Alexander Koslowski
Spitzname: Sascha
Alter: 30
Geburtsdatum: 11.12.1986
Sternzeichen: Schütze
Geburtsort: Shortandy (Kasachstan)
Aktueller Wohnort: Köln
Körpergröße: 1,78 m

YouTube-Kanal: DieAussenseiter Alexander
Welche Art von YouTuber bin ich: Aussenseiter

Name der Fans: BIBS
Anzahl der Fans auf Facebook: 300.000
Anzahl der Fans auf Twitter: 400.000
Anzahl der Fans auf Instagram: 1,3 Millionen

Geschwister: 1
So beschreibe ich mich selbst: Ich bin ein gewaltiger Widerspruch. Ein Teil in mir bemüht sich oft, ein Außenseiter zu sein, auf der anderen Seite will ich aber auch ein wichtiger Teil der Gesellschaft sein.

Lieblingsfilme: LA CRASH, Interstellar
Lieblingsbücher: Autobiografie eines Yogi: Paramahansa Yogananda
Lieblingsserien: Game of Thrones, Breaking Bad
Lieblingsmusik: Röyksopp, Hans Zimmer, Darwin Garjales
Lieblingsfarbe: Gelb, Grün, Blau

Lieblingsjahreszeit: Winter

Glückszahl: 7

Meine liebste Kleidung: Gammel-Klamotten

Diesen YouTuber finde ich am besten: DIMA & PAOLA

Das esse ich am liebsten: Sonnenblumenkerne

Dieses Essen mag ich nicht: Pandabären

Lieblingsfach in der Schule: Kunst

Unbeliebtestes Fach in der Schule: Mathe

Lieblingssportart: Sitzen

Wann habe ich meinen ersten Kuss bekommen: mit 9 (rote Backen)

Mit wem würde ich gerne ein Video drehen: mit Paola

Welche Eigenschaft beschreibt meine Persönlichkeit: Grobmotoriker

Davor habe ich Angst: Vor der Angst, Angst zu haben.

Mein großer Lebenstraum: Immer noch Filmemacher

DIMA

Steckbrief

Bürgerlicher Name: Dimitri Koslowski
Spitzname: Dima
Alter: 31
Geburtsdatum: 10.04.1986
Sternzeichen: Widder
Geburtsort: Shortandy (Kasachstan)
Aktueller Wohnort: Köln
Körpergröße: 1,71 m

YouTube-Kanal: youtube.com/dima
Welche Art von YouTuber bin ich: Entertainer, Comedy-Musiker, Vlogger

Name der Fans: #TeamDima
Anzahl der Fans auf Facebook: 388.000
Anzahl der Fans auf Twitter: 644.000
Anzahl der Fans auf Instagram: 1,8 Millionen

Geschwister: Eine Schwester namens Irina
So beschreibe ich mich selbst: Ich bin Dima und ich mag es zu lachen, neue Menschen kennenzulernen und zu reisen. Am besten natürlich alles zusammen kombiniert!

Lieblingsfilme: Interstellar, Der Pate, Inception, Forrest Gump, Matrix, Kill Bill, Chihiro's Reise ins Zauberland, Harry Potter, 2001: Odyssee im Weltraum
Lieblingsbücher: Reise zum Mittelpunkt der Erde, Der kleine Prinz, Per Anhalter durch die Galaxis, Robinson Crusoe, 20.000 Meilen unter dem Meer, Harry Potter
Lieblingsserien: Breaking Bad, Game of Thrones, Friends, How I Met Your Mother, The Big Bang Theory, Akte X, The Walking Dead
Lieblingsmusik: Kanye West, Jean-Michel Jarre, Robyn, Justin Bieber, The Weeknd, Daft Punk, Gorillaz, Röyksopp, Schiller

Lieblingsfarbe: Grün

Lieblingsjahreszeit: Frühling

Glückszahl: 10

Meine liebste Kleidung: Basic-Sachen (blaue oder schwarze Jeans und weißes Shirt), Hemden

Diesen YouTuber finde ich am besten: Nigahiga, PewDiePie, KevJumba, UnsympathischTV, Gronkh, MrsVlog, Community-Channel, Smosh (bevor Anthony Smosh verlassen hat)

Das esse ich am liebsten: Früchte, Nüsse, Reis mit Gemüse, Nudeln aller Art

Dieses Essen mag ich nicht: Fleisch und Fisch esse ich seit drei Jahren nicht mehr, ansonsten mag ich kein zu fettiges Essen, aber eigentlich esse ich sonst fast alles!

Lieblingsfach in der Schule: Ich hatte mehrere Lieblingsfächer in der Schule, und zwar: Literatur, Physik und Mathe.

Unbeliebtestes Fach in der Schule: Chemie

Lieblingssportart: Turnen (habe ich in Russland eine Weile gemacht)

Wann habe ich meinen ersten Kuss bekommen: mit 16

Mit wem würde ich gerne ein Video drehen: mit Justin Bieber

Welche Eigenschaft beschreibt meine Persönlichkeit: Ich bin sehr zielstrebig.

Davor habe ich Angst: Ich habe Angst vor engen Räumen und **manchen Insekten.**

Mein großer Lebenstraum: Die ganze Welt gesehen zu haben (was natürlich ziemlich unrealistisch ist).

In welcher Verbindung steht ihr zueinander?
Sascha: Wir sind keine Brüder, wie einige denken. Dima ist mein Cousin, auch wenn ich ihn oft Bruder nenne.

Wo seid ihr geboren und wo seid ihr aufgewachsen?
Dima: Wir sind in einer kleinen Stadt namens Shortandy in Kasachstan geboren. Sie ist nicht weit von der Hauptstadt Astana entfernt. Wir sind jedoch nicht komplett dort aufgewachsen, sondern in Russland. Ich war sieben Jahre alt, als wir dorthin gezogen sind, und Sascha ein Jahr jünger. Unsere Familien sind allerdings in verschiedene Richtungen Russlands gezogen. Saschas Familie ist nach Sibirien gegangen und meine in den Süden Russlands, also ziemlich weit voneinander entfernt.

War es schon immer euer Ziel, Videos zu drehen?
Dima: Nein, wir haben sehr viele verschiedene Dinge ausprobiert. Als Sascha sechzehn war und ich siebzehn, wollten wir zum Beispiel Comics malen. Wir haben aber auch beide Musikinstrumente gelernt: beide Gitarre und Sascha außerdem Klavier. Ich war außerdem mit der Schule bei vielen regionalen Wettbewerben, z.B. für Mathematik, Physik und Literatur. Später haben wir Fotos und Videos gemacht. Wir hatten schon vor YouTube Sketch-Videos auf Russisch für unsere Freunde gedreht, damals war Sascha siebzehn und ich achtzehn Jahre alt. Wir wollten irgendetwas aus uns machen, egal auf welchem Weg.

Sascha: Damals wussten wir noch gar nicht, dass YouTube als Plattform existiert. Wir waren auf der Suche nach etwas, das uns erfüllt und uns unterhält. Wir mochten die Langeweile damals nicht.

Dima: Ich wollte damals Filme drehen, ernste Filme. Aber als wir die ersten Testversuche gestartet haben, stellten wir fest, dass uns die Ernsthaftigkeit fehlt, um solche Videos zu produzieren.

Wolltet ihr beruflich in der Filmbranche arbeiten?

Dima: Film und Video war damals eher unrealistisch für mich, ich wollte vielmehr Musiker werden, das war schon als Teenager einer meiner Träume.

Sascha: Ich hingegen wollte tatsächlich schon als Kind irgendwas mit Filmen zu tun haben. Wenn mich ein Lehrer in der Schule gefragt hat, was ich einmal werden will, dann war meine Antwort Regisseur.

Was für Schüler wart Ihr?
Sascha: Ich war eindeutig der Außenseiter – und das freiwillig. Ich war häufig alleine mit meinen Kopfhörern und habe es genossen, in Ruhe meine Musik zu hören und zu träumen. Ich fantasiere gerne und bin eher der ruhige Typ. Auf der anderen Seite war ich in gewisser Weise aber früher auch der Klassenclown. Wenn ich gute Laune hatte, dann konnte ich mit meinen Mitschülern richtig viel Quatsch machen.

Dima: Ich habe immer versucht, gute Noten zu schreiben. Ich war aber nicht der typische Streber, der von seinen Mitschülern gemobbt wurde. Irgendwie habe ich es hinbekommen, nicht als der uncoole Außenseiter dazustehen. Ich denke, es lag vor allem daran, dass ich gut im Sportunterricht war und alle es cool fanden, dass ein Streber auch sportlich ist.

Dima, was hast du für einen schulischen Werdegang hinter dir?
Dima: Weil ich erst später nach Deutschland gekommen bin, habe ich einen anderen Werdegang als Sascha. Ich habe sowohl die Grundschule als auch die Oberschule in Russland beendet. Ich war ein sehr guter Schüler damals. Meine Schulausbildung habe ich bereits nach der 9. Klasse mit Auszeichnung abgeschlossen

und durfte dann mit sechzehn bereits auf einem pädagogischen College Lehramt studieren. Dies habe ich drei Semester lang gemacht. In Deutschland wäre das in diesem Alter gar nicht denkbar gewesen.

Als ich dann nach Deutschland kam, habe ich beim Amt meine Unterlagen abgegeben, aber meine ganzen guten Noten haben mir nicht viel gebracht, da mir hier nur ein Hauptschulabschluss anerkannt wurde. Daraufhin bin ich auf die Volkshochschule gegangen und habe den qualifizierten Hauptschulabschluss nachgeholt. Danach bin ich für zwei Jahre auf die Wirtschaftsschule gegangen, um meine mittlere Reife zu absolvieren. Anschließend sind wir dann nach Stuttgart gezogen, wo ich zuerst verschiedene Minijobs gemacht habe. Später habe ich eine Ausbildung als Mediendesigner begonnen und auch erfolgreich abgeschlossen.

Wie seid ihr auf die Plattform YouTube gekommen?

Sascha: Als Dima mit der Schule fertig war und ich mit meiner Ausbildung, sind wir zusammen nach Stuttgart gezogen. Wir wussten, wenn etwas aus uns werden soll, dann müssen wir zusammen in eine größere Stadt ziehen. Wir wollten damit ein

neues Kapitel aufschlagen. Wir haben uns beide einen neuen Job gesucht: Dima hat bei Burger King gearbeitet und ich als Kassierer. Wir wollten aber mehr aus uns machen und haben deshalb eine Option gesucht, um unsere Videos ins Internet zu stellen. Dann sind wir auf YouTube gestoßen, das damals eigentlich noch recht unbekannt war. Wir haben es einfach durchgezogen und haben jeden zweiten Tag ein Video hochgeladen in der Hoffnung, dass mehr Menschen auf uns aufmerksam werden. Wir wollten einfach herausfinden, an welchen Videos unsere Zuschauer interessiert sind.

Dima: Wir haben YouTube auch nicht als Plattform wahrgenommen, sondern als Möglichkeit, unsere Videos hochzuladen. Erst nach ein paar Monaten haben wir verstanden, dass YouTube eine Art Community ist, wo man Menschen abonnieren kann. Später ist auch Google dann auf uns aufmerksam geworden.

Durch was ist Google auf euch aufmerksam geworden?
Dima/Sascha: 2006 wurde YouTube von Google aufgekauft, und zwei Jahre später haben sie dann einen Wettbewerb mit dem Namen „Secret Talents" gestartet. Den wollten wir unbedingt gewinnen und haben dafür ein Video von uns eingereicht. Wir kamen zwar nur auf den 15. Platz, aber dafür ist Google (YouTube) auf uns aufmerksam geworden und hat uns angeboten, am YouTube-Partnerprogramm teilzunehmen. Das bedeutet, dass unsere Videos von YouTube promotet wurden und wir mit den Videos Geld verdienen konnten. Heutzutage kann das jede Person mit ihrem Kanal machen, aber früher waren es nur ausgewählte Kanäle, die das konnten.

Habt ihr seitdem eine konkrete Zielgruppe?
Dima: Mittlerweile ist es bei uns sehr gemischt. Es gibt viele, die unsere Videos schon über mehrere Jahre anschauen und quasi mit uns mitgewachsen sind. Aber es kommen auch täglich neue Zuschauer hinzu.

Wie seid ihr darauf gekommen, „DieAussenseiter" zu gründen?
Dima/Sascha: Als wir 2009 den Kanal „DieAussenseiter" gegründet haben, war das für uns etwas komplett Neues, mit einem ganz eigenen Stil. Wir wollten zusammen kreativ arbeiten und da wir zu der Zeit schon unsere jeweiligen Kanäle „Dima" und „Sascha" hatten, dachten wir uns, dass wir ja auch einen gemeinsamen eröffnen könnten.

Was hat euch auf die Idee gebracht, euren Kanal so zu benennen?
Sascha: Dima wollte den Kanal unbedingt so nennen. Ich wollte nicht, dass unser Kanal „DieAussenseiter" heißt, weil ich ja früher immer der Außenseiter war.

Dima: Meine Idee dahinter war, den Leuten zu zeigen, dass man auch als Außenseiter Spaß haben kann. Man darf sich nicht selber diesen negativen Stempel geben, sondern muss auch als Außenseiter Spaß haben und lachen. Gerade die typischen Außenseiter, die man so aus den Schulklassen kennt, sind eigentlich die verrücktesten und man kann mit ihnen eine Menge Spaß haben. Das wollte ich den Leuten damit zu verstehen geben.

Was war euer erstes Video auf diesem Kanal?
Dima: Das erste Video habe ich komplett alleine produziert. Als wir den Kanal „DieAussenseiter" gestartet haben, wussten wir noch nicht genau, in welche Richtung er gehen wird, und jeder von uns hat sich mit seinen eigenen Ideen ausprobiert. Sascha hat sich was überlegt und was dazu gedreht, ich habe mir was überlegt und was dazu gedreht.

Unser erstes Video hieß „Ein sehr böser Traum". Die Idee dazu war sehr spontan, und leider steckt auch keine spannende Geschichte dahinter. Ich habe an meine Kindheit gedacht und an das, was mich damals als Kind so beschäftigt hat. Was jedoch witzig ist: Ich habe in diesem Video meine Stimme mit einer Software verändert, sodass sie sich wirklich lustig anhörte.

Viele Leute dachten aber, dass das meine echte Stimme war oder dass ich die so verstellen kann. Sie kamen zu mir und haben mich gefragt, ob ich nicht kurz so reden könnte wie im Video. Ich denke mal, dass kein Mensch mit so einer Tonlage sprechen kann.

Sascha: Ein anderes Video war „Twilight", es war das erste Video, das innerhalb kürzester Zeit großen Hype bekam.

Was darf man sich unter diesem Video vorstellen?
Dima: Damals war es Trend, Parodien von dem Film „Twilight" zu drehen. Der Film war total beliebt. Es war unser erstes Video, das innerhalb von einem Tag über 500.000 Klicks bekommen hat, und es war der absolute Hit für uns.

Sascha: Wir waren so stolz auf uns. Wenn man sich überlegt, wie unbekannt YouTube damals noch war, konnte man auf diese Reichweite echt extrem stolz sein.

Ab wann habt Ihr Videos auf Deutsch gedreht?
Dima/Sascha: Wir haben zwischen 2004 und 2007 Videos auf Russisch gemacht und diese waren in Russland und in Deutschland unter Deutschrussen populär. Ab 2008 haben wir aber nur noch auf Deutsch produziert und ab da haben wir auch verstanden, wie YouTube funktioniert, und das Ganze dann bewusster und regelmäßiger betrieben.

Wieso ist euer gemeinsamer Kanal nicht mehr aktiv?
Sascha: Wir haben eine Pause eingelegt, um uns zu entwickeln und verschiedene Projekte auszuprobieren. Dima hat sich der Musik gewidmet, und das auch mit Erfolg.

Dima: Sollten „DieAussenseiter" zurückkommen, dann definitiv mit vielen neuen Ideen. Wir wollen nicht ständig dieselben Videos hochladen, sondern uns auch in dieser Hinsicht noch weiterentwickeln.

Habt ihr vor, wieder auf diesem Kanal aktiv zu werden, oder wird er erst mal inaktiv bleiben?
Sascha/Dima: Es ist auf jeden Fall unser Wunsch. Innerlich wollen wir beide wieder aktiv auf diesem Kanal werden, wir müssen unsere ganzen Ideen ja kreativ umsetzen. Wir denken nicht, dass der Kanal ganz untergehen wird. Irgendwann werden wir bestimmt wieder ein Video dort hochladen.

Fühlt ihr Verantwortung gegenüber euren Zuschauern?
Dima: Ich finde das Ganze hat Vor- und Nachteile. Als wir uns dazu entschieden haben, unseren gemeinsamen Kanal erst mal zu pausieren, habe ich in der darauffolgenden Zeit sehr aktiv Videos auf meinem Kanal hochgeladen. Teilweise habe ich manche Videos hochgeladen, weil ich das Gefühl hatte, dass ich meinen Zuschauern etwas bieten muss.

Sascha: Viele YouTuber spüren diesen Druck in sich. Man versucht in regelmäßigen Abständen Videos hochzuladen, und wenn man es dann zeitlich mal nicht schafft, dann hat man ein komisches Gefühl. Man muss extrem schnell Videos produzieren und deshalb verzichtet man häufiger mal auf Videos, die mehr Aufwand bedeuten würden.

Habt ihr festgelegte Tage, an denen ihr Videos hochladet?
Dima: Ich habe in den letzten Jahren versucht, jede Woche mindestens ein Video hochzuladen. Letztes Jahr hatte ich teilweise sogar Phasen, in denen ich versucht habe, jeden Tag ein Video hochzuladen. Manchmal gelingt es mir aber nicht mal, jede Woche ein Video zu produzieren, weil mir einfach die Zeit dazu fehlt.

Sascha: Ich bin da ein bisschen anders. Ich lade meine Videos meistens nach Gefühl hoch. Es ist natürlich besser, regelmäßig Videos online zu stellen, zum Beispiel jeden zweiten Tag, aber natürlich habe auch ich Phasen, in denen ich das zeitlich nicht schaffe.

Habt ihr für manche Videos ein Skript oder dreht ihr komplett spontan?
Dima: Früher haben wir unsere Videos fast nur geskriptet. So haben wir uns das Videodrehen selber beigebracht. Heute kann man in den YouTube-Trends schauen, welche Videoformate besonders beliebt sind, und dann skriptet man eben in diese Richtung.

Sascha: Wir hatten aber auch eine längere Phase, in der wir unsere Videos komplett spontan gedreht haben. Challenges waren zum Beispiel solche Videos, die kann und sollte man nicht skripten, denn man weiß ja nie, wie eine Challenge ausgeht.

Dima: In Zukunft will ich einige meiner Videos besser planen, indem ich vorher meine Ideen aufschreibe und so dann strukturierter arbeiten kann.

Ist das Videodrehen für euch heute aufwendiger als früher?
Dima: Nein, das würde ich nicht sagen. Aber es kommt darauf an, was für ein Video man dreht. Es gibt durchaus Videos, die heute aufwendiger sind als früher, obwohl der technische Fortschritt es insgesamt einfacher macht.

Sascha: Viele Schnittprogramme sind über die Zeit einfacher geworden, mit den heutigen Laptops kann man viel problemloser arbeiten. Früher haben wir unsere Videos noch auf Kassetten aufgenommen. Von der Kassette musste man die Daten dann erst auf den Computer spielen, um sie anschließend zu schneiden.

Wie schnell seid ihr auf YouTube bekannt geworden?
Dima: Auf jeden Fall langsam. Zuerst hatten wir ja beide jeweils unseren eigenen Kanal, auf dem wir unsere ersten Erfahrungen mit der Plattform gesammelt haben.

Sascha: Als wir dann unseren gemeinsamen Kanal eröffnet haben, ging es etwas schneller, da wir ja schon davor jeweils unsere eigenen hatten.

Welche Eigenschaft ist wichtig, wenn man mit YouTube beginnen möchte?
Dima: Selbstbewusstsein ist das Wichtigste. Man muss mit Kommentaren und Kritik umgehen können, denn es kann manchmal schon auch ziemlich beleidigend sein.

Sascha: Es kommt auch darauf an, ab welchem Alter man beginnt, YouTube-Videos zu produzieren. Wenn man zu jung beginnt, dann nimmt man die Kommentare viel zu ernst. Es kann immer mal passieren, dass ein Video nicht so gutes Feedback bekommt, und es ist sehr schwer zu lernen, wie man damit umgehen muss.

Dima, wie bist du darauf gekommen, eigene Musikvideos zu drehen?
Dima: Es war schon lange mein Wunsch, eigene Musikvideos zu drehen. Wir haben damals auf unserem gemeinsamen Kanal bereits mehrere Parodien hochgeladen, da konnte ich mich schon ein bisschen ausprobieren. Irgendwann wollte ich aber auch mal etwas komplett Eigenes auf die Beine stellen und damit werde ich in Zukunft auch weitermachen.

Schreibst du die Texte in den Musikvideos alleine?
Dima: Mir haben viele Hilfe angeboten, aber ich wollte das komplett alleine durchziehen. Ich habe gesehen, dass es super funktioniert hat und dass ich viel Spaß dabei hatte.

Werdet ihr oft auf der Straße erkannt?
Dima/Sascha: Sowohl damals wie heute werden wir extrem häufig erkannt. Gerade weil wir mit unter den ersten YouTubern waren, kennen uns viele Leute. Eine Zeit lang hat es solche Ausmaße angenommen, dass sehr viele Fans vor unserem Haus standen und wir nicht wussten, wie wir darauf reagieren sollen.

Gibt es Tage, an denen ihr es vermeidet, in die Öffentlichkeit zu gehen?
Sascha: Man sollte es zumindest vermeiden, an einem schulfreien Tag in die Stadt zu gehen. Auch wenn man am Wochenende in der Stadt einkaufen geht, muss man einfach damit rechnen, dass man erkannt wird.

Dima: Es kann schon passieren, dass sich dann größere Gruppen vor den Läden ansammeln, um mit uns ein Foto zu machen. Es stört uns nicht, aber manchmal hat man es auch eilig, weil man wichtige Dinge zu erledigen hat, und so kommt man dann einfach nicht vorwärts.

Hattet ihr schon einmal eine Situation, in der es eskaliert ist?
Dima: Ja, das war in Hamburg. Wir waren mit ein paar anderen YouTubern auf einem der größten Plätze in Hamburg und plötzlich waren knapp 3.000 Leute da. Die Kids sind unkontrolliert mitten in der Stadt über die Straßen gelaufen und haben nicht aufgepasst, wo sie hinlaufen. Das kann schon gefährlich werden. Es war eine Situation, an der man sehen konnte, dass es einfach schnell ungewollte Ausmaße annehmen kann.

Gab es bei euch während des Drehens schon peinliche Erlebnisse?
Sascha: Einmal sind wir aus Versehen mit dem Auto über eine Kamera gefahren.

Dima: Wir haben auch einmal ein Video mit Spielzeugwaffen gedreht, da kam die Polizei, um uns diese Waffen wegzunehmen, weil sie dachten, dass sie echt wären. Am nächsten Tag konnten wir sie dann bei der Polizei abholen, da sie überprüft hatten, dass es keine echten Waffen waren.

Welchen Tipp würdet ihr einer Person geben, die mit YouTube beginnen möchte?
Dima/Sascha: Das Wichtigste ist, sich nicht von zu vielen Meinungen ablenken zu lassen. Man fängt an, viele Kommentare zu lesen, oder jemand sagt etwas und man ist sofort verunsichert. Man sollte versuchen, seine Ideen so umzusetzen, wie man es möchte.

Wie oft streitet ihr euch?
Sascha: Eigentlich streiten wir nicht wirklich. Wir versuchen so etwas zu vermeiden. Wir wissen, wie wir miteinander umzugehen haben.

Dima: Manchmal gibt es Diskussionen, aber ich würde es nicht als „Streit“ bezeichnen.

Sascha, wie hast du deine Frau Paola kennengelernt?
Sascha: Wir hatten zusammen mit Simon Desue, Alberto, Flying Uwe und Mert Matan einen kleinen Auftritt in einer Disko. Als wir fertig waren, sind wir noch im Club geblieben und haben ein

wenig gefeiert. Da haben sich dann die Blicke von Paola und mir getroffen. An dem Abend gab es Hunderte Leute, die mit mir ein Foto machen wollten, aber in diesem Moment war es andersrum: Ich habe Paola gefragt, ob ich ein Foto mit ihr machen kann. Später habe ich dieses Foto dann auf Facebook gepostet und das Internet gefragt, ob jemand das Mädchen kennt, und ich hatte Glück. Jemand kannte sie und gab mir ihre Nummer. Ziemlich kurze Zeit danach sind wir in Hamburg zusammengezogen und jetzt sind wir schon ein Ehepaar.

Dima, könntest du dir vorstellen, mit einem Fan zusammen zu sein?
Dima: Ausschließen würde ich es nicht. Es sollte aber jemand sein, der mich als Mensch sieht und nicht nur als Figur von YouTube.

Habt ihr einen Traum?
Dima: Mir macht es meistens einfach Spaß, dabei zu sein. Mein Traum war es immer, Musik zu machen, und den habe ich ja jetzt verwirklicht. Was ich mache, reicht mir und ich bin zufrieden damit. Ich muss kein anerkannter Musiker oder Ähnliches sein.

Sascha: Mein Traum ist es, Filme zu drehen. Generell möchte ich gerne auch Projekte außerhalb von YouTube machen. Ein weiterer Traum wäre, verrückte Schauspieler kennenzulernen und mit denen dann bestimmte Videos zu drehen.

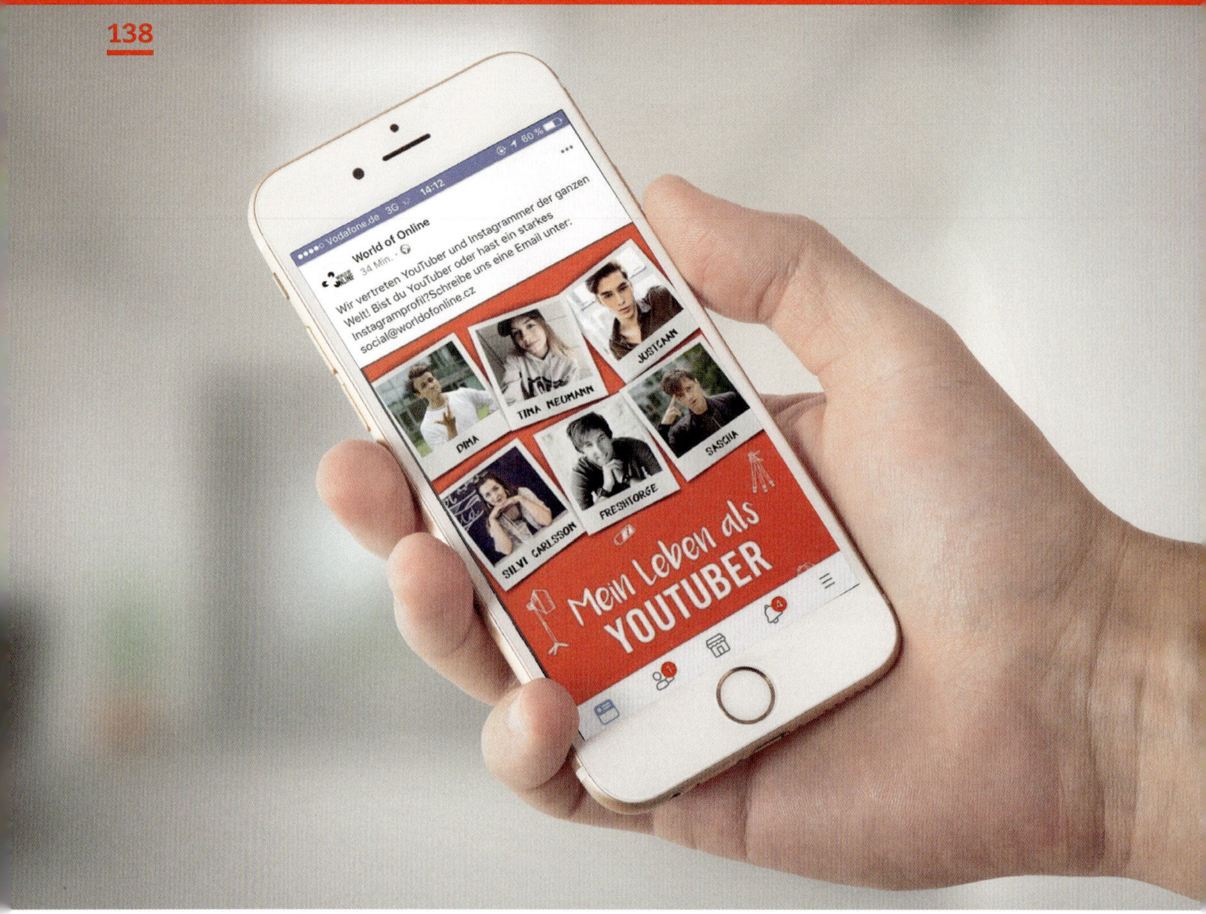

Interessierst du dich für Neuigkeiten aus der YouTuber-Welt? Folge uns auf Instagram!

»Danke für Deine Unterstützung!«

»Danke für Deine Unterstützung!«

»Danke für Deine Unterstützung!«

»Danke für Deine Unterstützung!«

»Danke für Deine Unterstützung!«

»Danke für Deine Unterstützung!«

Torge

[illegible]

Tina